复旦国文课

汪馥泉 编

团结出版社

图书在版编目（CIP）数据

复旦国文课 / 汪馥泉编.

-- 北京 : 团结出版社, 2020.10

ISBN 978-7-5126-8342-6

Ⅰ. ①复… Ⅱ. ①汪… Ⅲ. ①国学—高等学校—教材
Ⅳ. ①Z126

中国版本图书馆CIP数据核字(2020)第193796号

出版: 团结出版社

　　（北京市东城区东皇城根南街84号　邮编：100006）

电话: (010) 65228880　　65244790　（传真）

网址: www.tjpress.com

Email: 65244790@163.com

经销: 全国新华书店

印刷: 大厂回族自治县德诚印务有限公司

开本: 145×210　1/32

印张: 6.5

字数: 115千字

版次: 2020年12月　第1版

印次: 2020年12月　第1次印刷

书号: 978-7-5126-8342-6

定价: 42.00元

前　言

　　这本《复旦国文课》原名为《复旦大学一年国文讲义》，为曾于复旦大学任教的汪馥泉编著。内容分为"甲编""乙编"两部分，每编若干篇，并装订成一册。它是复旦大学一年级学生必修的国文课程，同时也是较早收录新文学作品的大学国文教材。

　　汪馥泉（1900—1959），字浚。原名汪浚，曾用笔名汪正禾等。浙江杭州人。是中国现代知名翻译家、作家、编辑出版家和民俗文学研究者。毕业于浙江省立甲种工业学校。1919年与俞秀松等人创办进步刊物《十月》，后改名《浙江新潮》，成为浙江"五四"运动中心人物之一，同年留学日本。1928年回国后，与人创办大江书铺，出版多种书籍。二十世纪三十年代初，先后在上海公学、复旦大学中文系任教。解放后，任东北人民大学中文系教授，兼图书馆馆长。1959年病逝于长春。他是我国最早翻译《中国哲学思想史》《中国文学思想史纲》《社会的文学批评论》等重要的文学和思想著作的翻译家。主要著作有《现代文学十二讲》《狱中记》《新文学概论》《中国文学论集》等。

　　这部国文课本是由汪馥泉先生一人编选的，鲜明地凸显了他的编选理念。新文化运动的两个旗手——胡适和陈独秀（字仲甫）的文章都被选录其中。陈独秀的文章被选在"甲编"的第一位。胡适则在甲、乙编中共有三篇文章被选入，是在该国文课本中选录文章最多的新文学作家。这说明，汪馥泉肯定了陈、胡两人在"新文化运动"中的地位。

该国文课本突出的特点就是没有一定（即不按照时代、体裁等）的编排顺序，与同时期的国文课本大为不同。而且它与清华、北大、西南联大等高校的国文课本不同的是，选材并没有局限国内，而是收录了周作人译著的日本诗歌选。

我们可以从这部国文课本的选文看出，汪馥泉在对待传统文学的态度上，有两个明显的侧重点：一方面强调文学的审美功能；另一方面又提倡对待古代文化遗产持有批判态度。

这部国文课本选取的文章虽少，但是视野却非常开阔，既选取了中国传统经典，如《诗经》等；也选取了外国文章，如周作人译著的日本诗歌选。既探讨人生意义，如选取了陈独秀的《人生真意》等；也关注文学革命，如选取了胡适的《建设的文学革命论》等。总之，这是一部独具特色的国文选。

台湾东吴大学教授李嘉德在《燕园追记》中这样回忆："燕园，是复旦的校园……在师表中，我不能忘怀两个人，一是孙寒冰教授，二是汪馥泉教授，前者授政治学，后者授国文。……汪教授的风度，与孙教授恰成对比。一个是儒雅风流，一个则是不修边幅，十足的名士派。头发乱蓬蓬，经常不剪。上起课来，手夹香烟。记得他授《诗经》时，手舞足蹈，在讲台上眉飞色舞，学生皆信服。有一项作文，他出了个题目是颇富诗意的：'三分春色二分愁'。我想了半天，便编了一个故事，主角是自己，当灿烂的春光来临，一个人孤寂无奈，出游郊外，看到很多对情侣双双，心中感慨万千。当然文字描写得很优美。想不到汪教授竟在文后批示：'独踏迢遥桃李影，忍看别个绰绵情'，佳作也。发还作文时，还特别把我叫住了抚抚我的头说：'小子，你很有文学天才，好好努力。'从此以后，我对文学就特别发生兴趣，读遍了中西文学名著……说真的，今日我能替正中书局编六册的高职国文，在《联合报》写专栏，在大专教书，这一切，都是汪馥泉教授的赐予。"

从这篇回忆文章当中，可以看出，不单是汪馥泉的为人给学生留下了深刻的回忆，而且这部国文课和他的授课方式也对学生产生了深远的影响。

这部国文课古今兼收、雅俗兼备。虽然没有按照古今、体裁来编排文章，但是汪馥泉所选的文章既经典又有可读性。而且所选的文章，不仅有文学赏析类作品，也有文字理论指导类文章。在编选思想和编选趣味上，当今语文教材的编纂者可以从这部国文课中获取有益的启发和借鉴。

本书"言志"倾向比较明显，如选取了袁枚、袁宏道、刘侗等的"言志"类代表作品。而且经史子集、高文典册类文章不多，是一本值得广大青年阅读和学习的国文读物。

本书根据1932年《复旦大学一年国文讲义》予以整理出版，并将当中的错讹予以改正。如刘侗《帝京景物略》中的"定国公园"与"水尽头"内容混淆，本书将"水尽头"的内容删去，并将"定国公园"缺漏的内容补充完整。又如将杨树达《文学之发生》原文缺漏，本书将其补充完整，并把原文中的大括号去掉，而将概括的内容放在举例下面。需要说明的是，钱玄同的两篇"战斗名篇"——《汉字革命》和《历史的汉字改革论》，已经失去其实际意义，本书仅做存目处理，不收入本书。

此外，本书还附录了汪馥泉先生编辑的《民智历代文选》等十八篇文章。《民智历代文选》也是当时一种大学文科教材，由民智书局出版，在今天读者看来，所选文章大多为鲜见的经典之作。书中原对每篇文章都进行了简略的注释。为了保持全书的统一，这次出版，对所精选的文章的注释一概不收。

为了便于现代读者阅读，改原来的繁体竖排为简体横排，改正了其中明显的错讹。由于编者水平所限，其中定有不妥之处，请读者诸君指正。

编　者

目 录

甲 编

人生真意

陈仲甫

人生在世，究竟为的什么？究竟应该怎样？这两句话实在难得回答的很。我们若是不能回答这两句话，糊糊涂涂过了一生，岂不是太无意识吗？自古以来，说明这个道理的人也算不少，大概约有数种：第一是宗教家。像那佛教家说世界本来是个幻象，人生本来无生。"真如"本性为"无明"所迷，才现出一切生灭幻象。一旦"无明"灭，一切生灭幻象都没有了，还有什么世界，还有什么人生呢？又像那耶稣教说人类本是上帝用土造成的，死后仍旧变为泥土。那生在世上信从上帝的，灵魂升天；不信上帝的，便魂归地狱，永无超生的希望。第二是哲学家。像那孔孟一流人物，专以正心修身齐家治国平天下，做一大道德家大政治家，为人生最大目的。又像那老庄的意见，以为万事万物都应当顺应自然，人生知足，便可常乐，万万不可强求。又像那墨翟主张牺牲自己，利益他人为人生义务。又像那杨朱主张尊重自己的意志，不必对他人讲什么道德。又像那德国人尼采也是主张尊重个人的意志，发挥个人的天才，成功一个大艺术家、大事业家，叫做寻常人以上的"超人"，才算是人生目的；什么仁义道德，都是骗人的说话。第三是科学家。科学家说人类也是自然界一种物质，没有什么灵魂。生存的时候，一切苦乐善恶，都为物质界自然法则所支配；死后物质分散，另变一种作用，没有联续的记忆和知觉。

这些人所说的道理，各个不同。人生在世，究竟为的什么，应该怎样呢？又想佛教家所说的话，未免太迂阔。个人的生灭，虽然是幻象。世界人生之全体，能说不是真实存在吗？人生"真如"性中，何以忽然有"无明"呢？既然有了"无明"，众生的"无明"，何以忽然都能灭尽呢？"无明"既然不灭，一切生灭现象，何以能免呢？一切生灭现象既不能免，吾人人生在世，便要想究竟为的什么，应该怎样才是？耶教所说，更是凭空捏造，不能证实的了。上帝能造人类，上帝是何物所造呢？上帝有无，既不能证实。那耶教的人生观，便完全不足相信了。孔孟所说的正心修身齐家治国平天下，只算是人生一种行为和事业，不能包括人生全体的真义。吾人若是专门牺牲自己，利益他人，乃是为他人而生，不是为自己而生，决非个人生存的根本理由。墨子的思想，也未免太偏了。杨朱和尼采的主张，虽然说破了人生的真相。但照此极端做去，这组织复杂的文明社会，又如何行得过去呢？人生一世，安命知足，事事听其自然，不去强求，自然是快活的很。但是这种快活的幸福，高等动物反不如下等动物，文明社会反不如野蛮社会。我们中国人受了老庄的教训，所以退化到这等地步。科学家说人死没有灵魂，生时一切苦乐善恶，都为物质界自然法则所支配，这几句话倒难以驳他。但是我们个人虽是必死的，全民族是不容易死的，全人类更是不容易死的了。全民族全人类所创的文明事业，留在世界上，写在历史上，传到后代，这不是我们死后联续的记忆和知觉吗？

照这样看起来，我们现在时代的人所见人生真义，可以明白了。今略举如下：

一、人生在世，个人是生灭无常的，社会是真实存在的。

一、社会的文明幸福，是个人造成的，也是个人应该享受的。

一、社会是个人集成的，除去个人，便没有社会。所以个人的意志和快乐，是应该尊重的。

一、社会是个人的总寿命，社会解散，个人死后，便没有联续的记忆和知觉。所以社会的组织和秩序，是应该尊重的。

一、执行意志，满足欲望，（自食色以至道德的名誉，都是欲望。）是个人生存的根本理由，始终不变的。（此处可以说"天不变道亦不变"。）

一、一切宗教法律道德政治，不过是维持社会不得已的方法，非个人所以乐生的原意，可以随着时势变更的。

一、人生幸福，是人生自身出力造成的，非是上帝所赐，也不是听其自然所能成就的。若是上帝所赐，何以厚于今人而薄于古人？若是听其自然所能成就，何以世界各民族的幸福不能够一样呢？

一、个人之在社会，好像细胞之在人身。生灭无常，新陈代谢，本是理所当然，丝毫不足恐怖。

一、要享幸福，莫怕痛苦。现在个人的痛苦，有时可以造成未来个人的幸福。譬如有主义的战争所流的血，往往洗去人类或民族的污点；极大的瘟疫，往往促成科学的发达。

总而言之，人生在世，究竟为的什么？究竟应该怎样？我敢说道：

个人生存的时候，当努力造成幸福，享受幸福并且留在社会上，后来的个人也能够享受，递相授受，以至无穷。

江山秋霁图记

岳 正

　　姑苏张廷义以所藏《江山秋霁图》，求记于予。图数纸为一幅，广不盈尺，长数倍莚之，有题识印记，知其为九龙山人王孟端所作者也。

　　其空阔澄明，或沦或澜，或涌而浪，激而涛，荡而潋滟，漫衍而涟漪者，为大江。江之中，或举网而渔，或乱流而渡，或缆而泊，橹而进，篙而退，溯帆而风御者，为舟楫之多。其渊泓而纡回者，为江潭。凫雁翔集，菰蒲芦荻，萦被而叹带者，为江渚。其或连绵而屋，比纷而阁，架列而市肆分，张篱而园圃隔，塍而田区，委而巷蔽者，为江村。其或平田漾沙，崩崖陡绝，而昂伏不齐者，为江浒。去浒渐远而渐高，其或岭耸而陂平，岩巉而壁立，或障而屏蔽，峰而秀出，巇而奇叠，或壑而有容，谷而能虚、麓而丛薄、冈阜而蜿蜒，其或而黛抹，近而剑植，既断而复续，迤逦重沓，杳莫究其所极者，为岸江之诸山。山有泉或悬或注，山有石或蹲或卧，或深而涧溜，或曲而溪萦，危而桥横，或草莽翳而雉兔踪伏，或林木郁而禽鸟巢栖，或佛寺，或道院，或樵而牧，或士女之嬉游，其掩映蔽亏，吞吐隐约，千态万状，得之心想，而口舌不能道者，不与也。

昔者，予尝奉使南服，由汉沔出浔阳，乘流而下，直抵扬子。而凡简册所纪载者，辄跻攀以穷其胜，虽流连累日不辞也。今观是图，一瞬千里，坐而致之，能不使予恨相见之晚，而追悔夫曩昔之劳也耶！嗟乎，山人之作，其亦可谓奇矣。

世称作字作画，在人品高下。山人之草书墨竹，世之所共知者也，而未必尽知其人。方文皇尚治时，诸贤汇进，而山人之位，才中书舍人。盖其高风峻节，睥睨一世，有可慕而不可追者。使其少贬寻尺，俛眉承睫之间，立致于通显之地不难矣。虽然，吾闻之也，心之为用，攻于此者，必略于彼。其心攻于禄位者，将低昂俯仰，伈伈睍睍，以干誉就俗之不暇，胸次之间，焉能容江山之广如此哉！山人之作，甚自珍惜，非其趣意所会，虽千金不少顾，故真迹鲜留于世。世得其一竹一石者，莫不什袭以为至宝。若此图者，岂易得耶？廷义，亦知之乎否也？或曰：廷义于吴下号称博雅，岂徒玩物而不尚德者哉？遂为之记。

送秦中诸人引

元好问

　　关中风土完厚，人质直而尚义，风声习气，歌谣慷慨，且有秦汉之旧。至于山川之胜，游观之富，天下莫与为比。故有四方之志者，多乐居焉。

　　予年二十许时，侍先人官洛阳，以秋试留长安中八九月。时纨绮气未除，沉涵酒间，知有游观之美而不暇也。长大来，与秦人游益多，知秦中事益熟，每闻谈周、汉都邑，及蓝田、鄠、杜间风物，则喜色津津然动于颜间。二三君多秦人，与予游，道相合而意相得也。常约近南山寻一牛田，营五亩之宅，如举子结夏课时，聚书深读，时时酿酒为具，从宾客游，伸眉高谈，脱屣世事，览山川之胜概，考前世之遗迹，庶几乎不负古人者。然予以家在嵩前，暑途千里，不若二三君之便于归也。

　　清秋扬鞭，先我就道，矫首西望，长吁青云。今夫世俗惬意事，如美食、大官、高赀、华屋，皆众人所必争，而造物者之所甚靳，有不可得者。若夫闲居之乐，澹乎其无味，漠乎其无所得。盖其放于方之外者之所贪，人何所争，而造物者亦何靳耶？行矣诸君，明年春风，待我于辋川之上矣！

自 叙

曹 丕

初平之元，董卓杀主鸩后，荡覆王室。是时四海既困中平之政，兼恶卓之凶逆，家家思乱，人人自危。山东牧守咸以《春秋》之义"卫人讨州吁于濮"，言人人皆得讨贼，于是大兴义兵。名豪大侠，富室强族，飘扬云会，万里相赴。兖豫之师，战于荥阳；河内之甲，军于孟津。卓遂迁大驾，西都长安，而山东大者连郡国，中者婴城邑，小者聚阡陌，以还相吞并。会黄巾盛于海岳，山寇暴于并冀，乘胜转攻，席卷而南。乡邑望烟而奔，城郭睹尘而溃。百姓死亡，暴骨如莽。

余时年五岁，上以四方扰乱，教余学射，六岁而知射。又教余骑马，八岁而知骑射矣。以时之多难，故每征，余常从。建安初，上南征荆州，至宛，张绣降，旬日而反。亡兄孝廉子修、从兄安民遇害。时余年十岁，乘马得脱。

夫文武之道，各随时而用。生于中平之季，长于戎旅之间，是以少好弓马，于今不衰。逐禽辄十里，驰射常百步，日多体健，心每不厌。建安十年，始定冀州，濊貊贡良弓，燕代献名马。时岁之暮春，句芒司节，和风扇物，弓燥手柔，草浅兽肥，与族兄子丹猎于邺西终日，手获獐鹿九，雉兔三十。后军南征，次曲蠡，尚书令荀彧奉使犒军，见余，谈论之末，或言："闻君善左右射，此实难能。"余言："执事未睹夫项发口纵，俯马蹄而仰月支也"。或喜，笑曰："乃尔！"余曰："埒有常径，的有常所。虽每发辄中，非至妙也。若夫驰平原，赴丰草，要狡兽，截轻禽，使弓不虚弯，所中必洞，斯则妙矣。"时军祭酒张京在坐，顾或拊手曰："善！"

余又学击剑，阅师多矣。四方之法各异，唯京师为善。桓灵之间，有虎贲王越善斯术，称于京师。河南史阿言昔与越游，具得其法。余从阿学之，精熟。尝与平虏将军刘勋、奋威将军邓展等共饮。宿闻展善有手臂，晓五兵，又称其能空手入白刃。余与论剑良久，谓言："将军法非也。余顾尝好之，又得善术。"因求与余对。时酒酣耳热，方食芋蔗，便以为杖，下殿数交，三中其臂。左右大笑。展意不平，求更为之。余言："吾法急属，难相中面，故齐臂耳。"展言："愿复一交。"余知其欲突以取交中也，因伪深进，展果寻前，余却脚鄌，正截其颡。坐中惊视。余还坐，笑曰："昔阳庆使淳于意去其故方，更授以秘术。今余亦愿邓将军捐弃故伎，更受要道也。"一坐尽欢。

夫事不可自谓己长。余少晓持复，自谓无对。俗名双戟为坐铁室，镶楯为蔽木户。后从陈国袁敏学，以单攻复，每为若神。对家不知所出。先日，若逢敏于狭路，直决耳。

余于他戏弄之事少所喜，唯弹棋略尽其巧，少为之赋。昔京师先工有马合乡侯、东方安世、张公子，常恨不得与彼数子者对。

上雅好诗书文籍，虽在军旅，手不释卷。每定省，从容常言："人少好学则思专，长则善忘。长大而能勤学者，唯吾与袁伯业耳。"余是以少诵诗论，及长而备历《五经》四部、史汉、诸子百家之言，靡不毕览。所著书论诗赋，凡六十篇。

至若智而能愚，勇而能怯，仁以接物，恕以及下，以付后之良史。

自 序

刘 峻

余尝自比冯敬通，而有同之者三，异之者四。

何则？

敬通雄才冠世，志刚金石，余虽不及之，而节亮慷慨，此一同也。敬通值中兴明君，而终不试用；余逢命世英主，亦摈斥当年，此二同也。敬通有忌妻，至于身操井臼；余有悍室，亦令家道轗轲，此三同也。

敬通当更始之世，手握兵符，跃马食肉；余自少迄长，戚戚无欢，此一异也。敬通有子仲文，官成名立；余祸同伯道，永无血胤，此二异也。敬通膂力刚强，老而益壮；余有犬马之疾，溘死无时，此三异也。敬通虽芝残蕙焚，终填沟壑，而为名贤所慕，其风流郁烈芬芳，久而弥盛；余声尘寂寞，世不吾知，魂魄一去，将同秋草，此四异也。

所以力自为序，遗之好事云。

日本讽刺诗选

周作人译

(1)"据说是很美丽呢",后妻这样说。

(2)插着捧香,尽称赞前回的媳妇。

(3)水上施食,讲着媳妇们的事,船已到了岸。

(4)"你们笑的什么?"老太爷的放屁。

(5)银烟管失落的话,已经听了三遍。

(6)长坐的客,烟管放进去,又拿出来。

(7)哭哭啼啼地还拣取好的——分寿货。

(8)象棋败了两盘,再说借钱的话。

(9)"不在家罢!"看穿了来的太除夕。

(10)劝诱员,这回是称赞院子里的松树。

(11)无聊赖地,称赞都首"辞世",医生站起身来。

(12)从对面用着砚台的食客。

(13)纳凉台上,又起头了,星象的议论。

(14)仔细看时,够得到的地方都是涩柿子。

(15)从楼上跌下来的临终的热闹呀。

(16)皮夹子变成凹凸的发薪日。

（17）愿得生极乐，捐助洋二元。

（18）衣锦归来，却早是人妻子也。

（19）避暑族馆里，间壁的"丸髷"也像是假的。

（20）纸烟店，为那新梳的"丸髷"减少了顾客。

（21）"昨天晚上……"，彼此说着伸出舌头。

（22）美男子，——"她看我么？"问同伴的人。

（23）被人询问老虎的叫声，儒生发了窘。

（24）在《四书》《文选》的中间，夹着读"吉原的"《细见》。

（25）神乐板，终于用了中国话生起气来。

（26）尧舜的时代，修锁的也就不来了。

（27）"钓了鱼么？"文王这样的走近前去。

国学季刊发刊宣言

胡 适

　　近年来，古学的大师渐渐死完了，新起的学者还不曾有什么大成绩表现出来。在这个青黄不接的时期，只有三五个老辈在那里支撑门面。古学界表面上的寂寞，遂使许多人发生无限的悲观。所以有许多老辈遂说，"古学要沦亡了！""古书不久要无人能读了！"

　　在这个悲观呼声里，很自然的发出一种没气力的反动的运动来。有些人还以为西洋学术思想的输入是古学沦亡的原因，所以他们至今还在那里抗拒那他们自己也莫名其妙的西洋学术。有些人还以为孔教可以完全代表中国的古文化，所以他们至今还梦想孔教的复兴，甚至于有人竟想抄袭基督教的制度来光复孔教。有些人还以为古文古诗的保存就是古学的保存了，所以他们至今还想压语体文字的提倡与传播。至于那些静坐扶乩，逃向迷信里去自寻安慰的，更不用说了。

　　在我们看起来，这些反动都只是旧式学者破产的铁证。这些行为，不但不能挽救他们所忧虑的国学之沦亡，反可以增加国中少年人对于古学的藐视。如果这些举动可以代表国学，国学还是沦亡了更好!

我们平心静气的观察这三百年的古学发达史,再观察眼前国内和国外的学者研究中国学术的现状,我们不但不抱悲观,并且还抱无穷的乐观。我们深信,国学的将来,定能远胜国学的过去。过去的成绩虽然未可厚非,但将来的成绩一定还要更好无数倍。

自从明末到于今,这三百年,诚然可算是古学昌明时代。总括这三百年的成绩,可分这些方面:

(一) 整理古书。在这方面,又可分三门。第一,本子的校勘;第二,文字的训诂;第三,真伪的考订。考订真伪一层,乾嘉的大师(除了极少数学者如崔述等之外)都不很注意。只有清初与晚清的学者还肯做这种研究,但方法还不很精密,考订的范围也不大。因此,这一方面的整理,成绩比较的就最少了。然而校勘与训诂两方面的成绩实在不少。戴震、段玉裁、王念孙、阮元、王引之们的治"经",钱大昕、赵翼、王鸣盛、洪亮吉们的治"史",王念孙、俞樾、孙诒让们的治"子";戴震、王念孙、段玉裁、邵晋涵、郝懿行、钱绎、王筠、朱骏声们的治古词典,都有相当的成绩。重要的古书,经过这许多大师的整理,比三百年前就容易看的多了。我们试拿明刻本的《墨子》来比孙诒让的《墨子间诂》,或拿二徐的《说文》来比清儒的各种《说文》注,就可以量度这几百年整理古书的成绩了。

(二) 发现古书。清朝一代所以能称为古学复兴时期,不单因为训诂、校勘的发达,还因为古书发现和翻刻之多。清代中央政府、各省书局，都提倡刻书。私家刻的书更是重要：丛书与单行本，重刊本，精校本，摹刻本，近来的影印本。我们且举一个最微细的例。近三十年内发现与刻行的宋元词集，给文学史家添了多少材料？清初朱彝尊们固然见着不少的词集，但我们今日购买词集之便易，却是清初词人没有享过的福气。翻刻古书孤本之外，还有辑佚书一项，如《古经解钩沉》《小学钩沉》《玉函山房辑佚书》和《四库全书》里那几百种从《永乐大典》辑出的佚书，都是国学史上极重要的贡献。

（三）发现古物。清朝学者好古的风气不限于古书一项，风气所被，遂使古物的发现、记载、收藏，都成了时髦的嗜好。鼎彝、泉币、碑版、壁画、雕塑、古陶器之类，虽缺乏系统的整理，材料确是不少了。最近三十年来，甲骨文字的发现，竟使殷商一代的历史有了地底下的证据，并且给文字学添了无数的最古材料。最近辽阳、河南等处石器时代的文化的发现，也是一件极重要的事。

但这三百年的古学的研究，在今日估计起来，实在还有许多缺点。三百年的第一流学者的心思精力都用在这一方面，而究竟还只有这一点点结果，也正是因为有这些缺点的缘故。那些缺点，分开来说，也有三层：

（一）研究的范围太狭窄了。这三百年的古学，虽然也有整治史书的，虽然也有研究子书的，但大家的眼光与心力注射的焦点，究竟只在儒家的几部经书。古韵的研究，古词典的研究，古书旧注的研究，子书的研究，都不是为这些材料的本身价值而研究的。一切古学都只是经学的丫头！内中固然也有婢作夫人的，如古韵学之自成一种专门学问，如子书的研究之渐渐脱离经学的羁绊而独立。但学者的聪明才力被几部经书笼罩了三百年，那是不可讳的事实。况且在这个狭小的范围里，还有许多更狭小的门户界限。有汉学和宋学的分家，有今文和古文的分家，甚至于治一部《诗经》还要舍弃东汉的郑笺而专取西汉的毛传。专攻本是学术进步的一个条件，但清儒狭小研究的范围，却不是没有成见的分功。他们脱不了"儒书一尊"的成见，故用全力治经学，而只用余力去治他书。他们又脱不了"汉儒去古未远"的成见，故迷信汉人，而排除晚代的学者。他们不知道材料固是愈古愈可信，而见解则后人往往胜过前人。所以他们力排郑樵、朱熹而迷信毛公、郑玄。今文家稍稍能有独立的见解了，但他们打倒了东汉，只落得回到西汉的圈子里去。研究的范围的狭小是清代学术所以不能大发展的一个绝大原因。三五部古书，无论怎样绞来挤去，只有那点精华和糟粕。打倒宋朝的"道士《易》"固然是好事，但打倒了"道士《易》"，跳过了魏晋人的"道家《易》"，却回到两汉的"方士《易》"，那就是很不幸的了。《易》的故事如此，《诗》《书》《春秋》《三礼》的故事也是如此。三百年的心思才力，始终不曾跳出这个狭小的圈子外去！

（二）太注重功力而忽略了理解。学问的进步有两个重要方面：一是材料的积聚与剖解；一是材料的组织与贯通。前者须靠精勤的功力，后者全靠综合的理解。清儒有鉴于宋明学者专靠理解的危险，所以努力做朴实的功力而力避主观的见解。这三百年之中，几乎只有经师，而无思想家；只有校史者，而无史家；只有校注，而无著作。这三句话虽然很重，但我们试除去戴震、章学诚、崔述几个人，就不能不承认这三句话的真实了。章学诚生当乾隆盛时（乾隆，一七三六——一七九五。章学诚，一七三八——一八〇〇），大声疾呼的警告当日的学术界道：

"今之博雅君子，疲精劳神于经传子史，而终身无得于学者，正坐……误执求知之功力，以为学即在是尔。学与功力实相似而不同。学不可以骤几，人当致攻乎功力，则可耳。指功力以为学，是犹指秫黍以为酒也。"（《文史通义·博约篇》）

他又说：

"近日学者风气，征实太多，发挥太少，有如蚕食叶而不能抽丝。"（《章氏遗书·与汪辉祖书》）

古人说："鸳鸯绣取从君看，不把金针度与人。"单把绣成的鸳鸯给人看，而不肯把金针教人，那是不大度的行为。然而天下的人不是人人都能学绣鸳鸯的，多数人只爱看鸳鸯，而不想自己动手去学绣。清朝的学者只是天天一针一针的学绣，始终不肯绣鸳鸯。所以他们尽管辛苦殷勤的做去，而在社会的生活思想上几乎全不发生影响。他们自以为打倒了宋学，然而全国的学校里读的书仍旧是朱熹的《四书集注》《诗集传》《易本义》等书。他们自以为打倒了伪《古文尚书》，然而全国村学堂里的学究仍旧继续用蔡沈的《书集传》。三百年第一流的精力，二千四百三十卷的《经解》，仍旧不能替换朱熹一个人的几部启蒙的小书！这也可见单靠功力而不重理解的失败了。

（三）缺乏参考比较的材料。我们试问，这三百年的学者何以这样缺乏理解呢？我们推求这种现象的原因，不能不回到第一层缺点——研究的范围的过于狭小。宋明的理学家所以富于理解，全因为六朝唐以后佛家与道士的学说弥漫空气中，宋明的理学家全都受了他们的影响，用他们的学说作一种参考比较的资料。宋明的理学家，有了这种比较研究的材料，就像一个近视眼的人戴了近视眼镜一样，从前看不见的，现在都看见了；从前不明白的，现在都明白了。同是一篇《大学》，汉魏的人不很注意它，宋明的人忽然十分尊崇它，把它从《礼记》里抬出来，尊为《四书》之一，推为"初学入德之门"。《中庸》也是如此的。宋明的人戴了佛书的眼镜，望着《大学》《中庸》，便觉得"明明德""诚""正心诚意""率性之谓道"等等话头都有哲学的意义了。清朝的学者深知戴眼镜的流弊，决意不配眼镜，却不知道近视而不戴眼镜，同瞎子相差有限。说《诗》的回到《诗序》，说《易》的回到"方士《易》"，说《春秋》的回到《公羊》，可谓"陋"之至了。然而我们试想这一班第一流才士，何以陋到这步田地，可不是因为他们没有高明的参考数据吗？他们排斥"异端"，他们得着一部《一切经音义》，只认得它有保存古韵书古词典的用处；他们拿着一部子书，也只认得它有旁证经文古义的功用。他们只向那几部儒书里兜圈子，兜来兜去，始终脱不了一个"陋"字！打破这个"陋"字，没有别的法子，只有旁搜博采，多寻参考比较的材料。

以上指出的这三百年的古学研究的缺点，不过是随便挑出了几桩重要的。我们的意思并不要菲薄这三百年的成绩，我们只想指出他们的成绩所以不过如此的原因。前人上了当，后人应该学点乖。我们借鉴于前辈学者的成功与失败，然后可以决定我们现在和将来研究国学的方针。我们不研究古学则已，如要想提倡古学的研究，应该注意这几点：

（1）扩大研究的范围。

（2）注意系统的整理。

（3）博采参考比较的数据。

（一）怎样扩大研究的范围呢？"国学"在我们的心眼里，只是"国故学"的缩写。中国的一切过去的文化历史，都是我们的"国故"。研究这一切过去的历史文化的学问，就是"国故学"，省称为"国学"。"国故"这个名词，最为妥当。因为它是一个中立的名词，不含褒贬的意义。"国故"包含"国粹"，但它又包含"国渣"。我们若不了解"国渣"，如何懂得"国粹"？所以我们现在要扩充国学的领域，包括上下三四千年的过去文化，打破一切的门户成见。拿历史的眼光来整统一切，认清了"国故学"的使命是整理中国一切文化历史，便可以把一切狭陋的门户之见都扫空了。例如治经，郑玄、王肃在历史上固然占一个位置，王弼、何晏也占一个位置，王安石、朱熹也占一个位置，戴震、惠栋也占一个位置，刘逢禄、康有为也占一个位置。段玉裁曾说：

> 校经之法，必以贾还贾，以孔还孔，以陆还陆，以杜还杜，以郑还郑，各得其底本，而后判其理义之是非。……不先正《注》《疏》《释文》之底本，则多诬古人。不断其立说之是非，则多误今人。……（《经韵楼集·与诸同志书论校书之难》）

我们叮借他论校书的话来总论国学。我们也可以说：

整治国故，必须以汉还汉，以魏晋还魏晋，以唐还唐，以宋还宋，以明还明，以清还清；以古文还古文家，以今文还今文家；以程朱还程朱，以陆王还陆王，……各还他一个本来面目，然后评判各代各家各人的义理的是非。不还他们的本来面目，则多诬古人。不评判他们的是非，则多误今人。但不先弄明白了他们的本来面目，我们决不配评判他们的是非。

这还是专为经学哲学说法。在文学的方面，也有同样的需要。庙堂的文学固可以研究，但草野的文学也应该研究。在历史的眼光里，今日民间小儿女唱的歌谣和《诗三百篇》有同等的位置，民间流传的小说和高文典册有同等的位置，吴敬梓、曹霑和关汉卿、马东篱和杜甫、韩愈有同等的位置。故在文学方面，也应该把《三百篇》还给西周、东周之间的无名诗人，把《古乐府》还给汉魏六朝的无名诗人，把唐诗还给唐，把词还给五代、两宋，把小曲杂剧还给元朝，把明清的小说还给明清。每一个时代，还它那个时代的特长的文学，然后评判它们的文学的价值。不认明每一个时代的特殊文学，则多诬古人而多误今人。

近来颇有人注意戏曲和小说了，但他们的注意仍不能脱离古董家的习气。他们只看得起宋人的小说，而不知道在历史的眼光里，一本石印小字的《平妖传》和一部精刻的残本《五代史平话》有同样的价值，正如《道藏》里极荒谬的道教经典和《尚书》《周易》有同等的研究价值。

总之，我们所谓"用历史的眼光来扩大国学研究的范围"，只是要我们大家认清国学是国故学，而国故学包括一切过去的文化历史。历史是多方面的，单记朝代兴亡，固不是历史；单有一宗一派，也不成历史。过去种种，上自思想学术之大，下至一个字，一只山歌之细，都是历史，都属国学研究的范围。

（二）怎样才是"注意系统的整理"呢？学问的进步不单靠积聚材料，还须有系统的整理。系统的整理可分三部说：

（甲）索引式的整理。不曾整理的材料，没有条理，不容易检寻，最能销磨学者有用的精神才力，最足阻碍学术的进步。若想学问进步增加速度，我们须想出法子来解放学者的精力，使他们的精力用在最经济的方面。例如一部《说文解字》，是最没有条理系统的。向来的学者差不多全靠记忆的苦工夫，方才能用这部书。但这种苦工夫是最不经济的。如果有人能把《说文》重新编制一番（部首依笔画，每部的字也依笔画），再加上一个检字的索引（略如《说文通检》或《说文易检》），那就可省许多无谓的时间与记忆力了。又如一部"二十四史"，有了一部《史姓韵编》，可以省多少精力与时间？清代的学者也有见到这一层的。如章学诚说：

> 窃以典籍浩繁，闻见有限，在博雅者且不能悉究无遗，况其下乎？校雠之先，宜尽取四库之藏，中外之籍，择其中之人名、地名、官阶、书目，凡一切有名可治有数可稽者，略仿《佩文韵府》之例，悉编为韵。乃于本韵之下，注明原书出处及先后篇第。自一见再见，以至数千百，皆详注之。藏之馆中，以为群书之总类。至校书之时，遇有疑似之处，即名而求其编韵，因韵而检其本书，参互错综，即可得其至是。此则渊博之儒穷毕生年力而不可究殚者，今即中才校勘可坐收于几席之间，非校雠之良法欤？（《校雠通义》）

当日的学者如朱筠、戴震等，都有这个见解，但这件事不容易做到，直到阮元得势力的时候，方才集合许多学者，合力做成一部空前的《经籍纂诂》，"展一韵而众字毕备，检一字而诸训皆存，寻一训而原书可识"（王引之序）；"即字而审其义，依韵而类其字，有本训，有转训，次叙布列，若网在纲"（钱大昕序）。这种书的功用，在于节省学者的功用，使学者不疲于功力之细碎，而省出精力来做更有用的事业。后来这一类的书被科场士子用作夹带的东西，用作钞窃的工具，所以有许多学者竟以用这种书为可耻的事。这是大错的。这一类"索引"式的整理，乃是系统的整理的最低而最不可少的一步。没有这一步的预备，国学止限于少数有天才而又有闲空工夫的少数人，并且这些少数人也要因功力的拖累而减少他们的成绩。若大的事业，应该有许多人分担去做的，却落在少数人的肩膀上。这是国学所以不能发达的一个重要原因。所以我们主张，国学的系统的整理的第一步要提倡这种"索引"式的整理，把一切大部的书或不容易检查的书，一概编成索引，使人人能用古书。人人能用古书，是提倡国学的第一步。

（乙）结账式的整理。商人开店，到了年底，总要把这一年的账结算一次，要晓得前一年的盈亏和年底的存货，然后继续进行，做明年的生意。一种学术到了一个时期，也有总结账的必要。学术上结账的用处有两层：一是把这一种学术里已经不成问题的部分整理出来，交给社会；二是把那不能解决的部分特别提出来，引起学者的注意，使学者知道何处有隙可乘，有功可立，有困难可以征服。结账是（1）结束从前的成绩，（2）预备将来努力的新方向。前者是预备普及的，后者是预备继长增高的。古代结账的书，如李鼎祚的《周易集解》，如陆德明的《经典释文》，如唐宋的《十三经注疏》，如朱熹的《四书》《诗集传》《易本义》等，所以都在后世发生很大的影响，全是这个道理。三百年来，学者都不肯轻易做这种结账的事业。二千四百多卷的《清经解》，除了极少数之外，都只是一堆"流水"烂账，没有条理，没有系统。人人从"粤若稽古""关关雎鸠"说起，人人做的都是杂记式的稿本！怪不得学者看了要"望洋兴叹"了，怪不得国学有沦亡之忧了。我们试看科举时代投机的书坊肯费整年的工夫来编一部《皇清经解》缩本编目，便可以明白索引式的整理的需要，我们又看那时代的书坊肯费几年的工夫来编一部"《皇清经解》分经汇纂"，便又可以明白结账式的整理的需要了。现在学问的途径多了，学者的时间与精力更有经济的必要了。例如《诗经》，二千年研究的结果，究竟到了什么田地，很少人说得出的，只因为二千年的《诗经》烂账至今不曾有一次的总结算。宋人驳了汉人，清人推翻了宋人，自以为回到汉人。至今《诗经》的研究，音韵自音韵，训诂自训诂，异文自异文，序说自序说，各不相关连。少年的学者想要研究《诗经》的，伸头望一望，只看见一屋子的烂账簿，吓得吐舌缩不进去，只好叹口气，"算了罢！"《诗经》在今日所以渐渐无人过问，是少年人的罪过呢？还是《诗经》的专家的罪过呢？我们以为，我们若想少年学者研究《诗经》，我们应该把《诗经》这笔烂账结算一遍，造成一笔总账。《诗经》的总账里应该包括这四大项：

（A）异文的校勘：总结王应麟以来，直到陈乔枞、李富孙等校勘异文的账。

（B）古韵的考究：总结吴棫、朱熹、陈第、顾炎武以来考证古音的账

（C）训诂：总结毛公、郑玄以来直到胡承珙、马瑞辰、陈奂二千多年训诂的账。

（D）见解（序说）：总结《诗序》、《诗辨妄》、《诗集传》、《伪诗传》、姚际恒、崔述、龚橙、方玉润……等二千年猜迷的账。

有了这一本总账，然后可以使大多数的学子容易踏进

"《诗经》研究"之门。这是普及。入门之后，方才可以希望他们之中有些人出来继续研究那总账里未曾解决的悬账。这是提高。《诗经》如此，一切古书古学都是如此。我们试看前清用全力治经学，而经学的书不能流传于社会，倒是那几部用余力做的《墨子间诂》《荀子集解》《庄子集释》一类结账式的书流传最广。这不可以使我们觉悟结账式的整理的重要吗？

（丙）专史式的整理。索引式的整理是要使古书人人能用，结账式的整理是要使古书人人能读。这两项都只是提倡国学的设备。但我们在上文曾主张，国学的使命是要使大家懂得中国的过去的文化史，国学的方法是要用历史的眼光来整理一切过去文化的历史。国学的目的是要做成中国文化史。国学的系统的研究，要以此为归宿。一切国学的研究，无论时代古今，无论问题大小，都要朝着这一个大方向走。只有这个目的可以整统一切材料，只有这个任务可以容纳一切努力，只有这种眼光可以破除一切门户畛域。

我们理想中的国学研究，至少有这样的一个系统：

中国文化史：

（一）民族史

（二）语言文字

（三）经济史

（四）政治史

（五）国际交通史

（六）思想学术史

（七）宗教史

（八）文艺史

（九）风俗史

（十）制度史

这是一个总系统。历史不是一件人人能做的事。历史家须要有两种必不可少的能力：一是精密的功力，一是高远的想象。没有精密的功力，不能做搜求和评判史料的工夫；没有高远的想象力，不能构造历史的系统。况且中国这么大，历史这么长，材料这么多，除了分工合作之外，更无他种方法可以达到这个大目的。但我们又觉得，国故的材料太纷繁了，若不先做一番历史的整理工夫，初学的人实在无从下手，无从入门。后来的材料也无所统属。材料无所统属，是国学纷乱烦碎的重要原因。所以我们主张，应该分这几个步骤：

第一，用现在力所能搜集考定的材料，因陋就简的先做成各种专史，如经济史、文学史、哲学史、数学史、宗教史……之类。这是一些大间架，它们的用处只是要使现在和将来的材料有一个附丽的地方。

第二，专史之中，自然还可分子目，如经济史可分时代，又可分区域；如文学史、哲学史可分时代，又可分宗派，又可专治一人；如宗教史可分时代，可专治一教，或一宗派，或一派中的一人。这种子目的研究是学问进步必不可少的条件。治国学的人应该各就"性之所近而力之所能勉者"，用历史的方法与眼光担任一部分的研究。子目的研究是专史修正的唯一源头，也是通史修正的唯一源头。

（三）怎样"博采参考比较的数据"呢? 向来的学者误认"国学"的"国"字是国界的表示, 所以不承认"比较的研究"的功用。最浅陋的是用"附会"来代替"比较"。他们说基督教是墨教的绪余, 墨家的"巨子"即是"矩子", 而"矩子"即是十字架! ……附会是我们应该排斥的, 但比较的研究是我们应该提倡的。有许多现象, 孤立地说来说去, 总说不通, 总说不明白。一有了比较, 竟不须解释, 自然明白了。例如一个"之"字, 古人说来说去, 总不明白。现在我们懂得西洋文法学上的术语, 只须说某种"之"字是内动词(由是而之焉), 某种是介词(贼夫人之子), 某种是指物形容词(之子于归), 某种是代名词的第三身用在目的位(爱之能勿劳乎), 就都明白分明了。又如封建制度, 向来被那方块头的分封说欺骗了, 所以说来说去, 总不明白。现在我们用欧洲中古的封建制度和日本的封建制度来比较, 就容易明白了。音韵学上, 比较的研究最有功效。用广东音可以考《侵覃》各韵的古音, 可以考古代入声各韵的区别。近时西洋学者如 Karlgren, 如Baron von Stael-Holstein, 用梵文原本来对照汉文译音的文字, 很可以帮助我们解决古音学上的许多困难问题。不但如此。日本语里, 朝鲜语里, 安南语里, 都保存有中国古音可以供我们的参考比较。西藏文自唐朝以来, 音读虽变了, 而文字的拼法不曾变, 更可以供我们的参考比较, 也许可以帮助我们发现中国古音里有许多奇怪的复辅音呢。制度史上, 这种比较的材料也极重要。懂得了西洋的议会制度史,我们更可以了解中国御史制度的性质与价值；懂得了欧美高等教育制度史，我们更能了解中国近一千年来的书院制度的性质与价值。哲学史上，这种比较的材料已发生很大的助力了。《墨子》里的《经上下》诸篇，若没有印度因明学和欧洲哲学作参考，恐怕至今还是几篇无人能解的奇书。韩非、王莽、王安石、李贽……一班人，若没有西洋思想作比较，恐怕至今还是沉冤莫白。看惯了近世国家注重财政的趋势，自然不觉得李觏、王安石的政治思想的可怪了。懂得了近世社会主义的政策，自然不能不佩服王莽、王安石的见解和魄力了。《易系辞传》里"易者，象也"的理论，得柏拉图的"法象论"的比较而更明白；荀卿书里"类不悖，虽久同理"的理论，得亚里士多德的"类不变论"的参考而更易懂。这都是明显的例。至于文学史上，小说戏曲近年忽然受学者的看重，民间俗歌近年渐渐引起学者的注意，都是和西洋文学接触比较的功效更不消说了。此外，如宗教的研究，民俗的研究，美术的研究，也都是不能不利用参考比较的材料的。

以上随便举的例，只是要说明比较参考的重要。我们现在治国学，必须要打破闭关孤立的态度，要存比较研究的虚心。第一，方法上，西洋学者研究古学的方法早已影响日本的学术界了，而我们还在冥行索涂的时期。我们此时应该虚心采用他们的科学的方法，补救我们没有条理系统的习惯。第二，材料上，欧美日本学术界有无数的成绩可以供我们的参考比较，可以给我们开无数新法门，可以给我们添无数借鉴的镜子。学术的大仇敌是孤陋寡闻，孤陋寡闻的唯一良药是博采参考比较的材料。

我们观察这三百年的古学史，研究这三百年的学者的缺陷，知道他们的缺陷都是可以补救的。我们又返观现在古学研究的趋势，明白了世界学者供给我们参考比较的好机会，所以我们对于国学的前途，不但不抱悲观，并且还抱无穷的乐观。我们认清了国学前途的黑暗与光明全靠我们努力的方向对不对。因此，我们提出这三个方向来做我们一班同志互相督责勉励的条件：

第一，用历史的眼光来扩大国学研究的范围。

第二，用系统的整理来部勒国学研究的资料。

第三， 用比较的研究来帮助国学的材料的整理与解释。

水经注选

郦道元

巫 峡

江水又东径巫峡，杜宇所凿，以通江水也。江水历峡东径新崩滩，此山汉和帝永元十二年崩，晋太元二年又崩。当崩之日，水逆流百余里，涌起数十丈。今滩上有石或圆如箪，或方似屋，若此者甚众，皆崩崖所陨，致怒湍流，故谓之新崩滩。其颓岩所余，比之诸岭，尚为竦桀。其下十余里有大巫山，非惟三峡所无，乃当抗峰岷、峨，偕岭衡、疑。其翼附群山并概青云，更就霄汉其辨优劣耳。……其间首尾百六十里，谓之巫峡，盖因山为名也。

自三峡七百里中，两岸连山，略无阙处。重岩叠嶂，隐天蔽日，自非停午夜分，不见曦月。

至于夏水襄陵，沿溯阻绝，或王命急宣，有时朝发白帝，暮到江陵，其间千二百里，虽乘奔御风，不以疾也。春冬之时，则素湍绿潭，回清倒影，绝巘多生怪柏，悬泉瀑布，飞漱其间，清荣峻茂，良多趣味。每至晴初霜旦，林寒涧肃，常有高猿长啸，属引凄异，空谷传响，哀转久绝。故渔者歌曰："巴东三峡巫峡长，猿鸣三声泪沾裳。"

黄牛滩

江水又东径黄牛山下，有滩名曰黄牛滩。南岸重岭叠起，最外高崖间。有石色如人负刀牵牛，人黑牛黄，成就分明，既人迹所绝，莫能究焉。

此岩既高，加以江湍纡回，虽途径信宿，犹望见此物。故行者谣曰："朝发黄牛，暮宿黄牛，三朝三暮，黄牛如故。"言水路纡深，回望如一矣。

江水又东径西陵峡。

《宜都记》曰："自黄牛滩东入西陵界，至峡口，百许里，山水纡曲，而两岸高山重障，非日中半夜，不见日月。绝壁或千许丈，其石彩色形容，多所像类，林木高茂，略尽冬春。猿鸣至清，山谷传响，泠泠不绝。所谓三峡，此其一也。"

山松言："常闻峡中水疾，书记及口传，悉以临惧相戒，曾无称有山水之美也。及余来践跻此境，既至欣然，始信耳闻之不如亲见矣。其叠秀峰，奇构异形，固难以辞叙；林木萧森，离离蔚蔚，乃在霞气之表，仰瞩俯映，弥习弥佳，流连信宿，不觉忘返。目所履历，未尝有也。既自欣得此奇观，山水有灵，亦当惊知己于千古矣。"

很山北溪

　　夷水又径宜都北，东入大江，有泾渭之比，亦谓之很山北溪。

　　水所经皆石山，略无土岸。其水虚映，俯视游鱼，如乘空也。浅处多五色石，冬夏激素飞清，傍多茂木空岫，静夜听之，恒有清响。百鸟翔禽，哀鸣相和，巡颓浪者，不觉疲而忘归矣。

帝京景物略选

刘　侗

水　关

京城外之西堤、海淀，天涯水也。皇城内之太液池，天上水也。游则莫便水关，志有之，曰积水潭，曰海子，盖志名而游人不之名。游人诗有之，曰北湖，盖诗人名而土人不之名。土人曰净业寺，曰德胜桥，水一方耳。土人曰莲花池，水一时耳。盖不该不备，不可以其名名。土人曰水关，是水所从入城之关也。玉河桥水亦关矣，而人不之名，是水所从出城之关也。或原焉，其委焉者举之。

水一道入关，而方广即三四里。其深矣鱼之，其浅矣莲之，菱芡之，即不莲且菱也，水则自蒲苇之，水之才也。北水多卤，而关以入者甘，水鸟盛集焉。沿水而刹者、墅者、亭者，因水也，水亦因之。梵各钟磬，亭墅各声歌，而致乃在遥见遥闻，隔水相赏。立净业寺门，目存水南。坐太师圃、晾马厂、镜园、莲花庵、刘茂才园，目存水北。东望之，方园也，宜夕。西望之，漫园、湜园、杨园、王园也，望西山，宜朝。深深之太平庵、虾菜亭、莲花社，远远之金刚寺、兴德寺，或辞众眺，或谢群游矣。

岁初伏日，御马监内监，旗帜鼓吹，导御马数百洗水次。岁盛夏，莲始华，晏赏尽园亭，虽莲香所不至，亦席亦歌声。岁中元夜，盂兰会，寺寺僧集，放灯莲花中，谓灯花，谓花灯。酒人水嬉，缚烟火，作凫、雁、龟、鱼，水火激射，至菱花焦叶。是夕，梵呗鼓铙，与宴歌弦管，沉沉昧旦。水，秋稍闲，然芦苇天，菱芡岁，诗社交于水亭。冬水坚冻，一人挽木小兜，驱如衢，曰冰床。雪后集十余床，罏分尊合，月在雪，雪在冰。西湖春，秦淮夏，洞庭秋，东南人自谢未曾有也。

东岸有桥，曰海子桥，曰月桥，曰三座桥。桥南北之稻田，倍于关东南之水面。

定国公园

环北湖之园，定园始，故朴莫先定园者，实则有思致文理者为之。土垣不垩，土池不甃，堂不阁不亭，树不花不实，不配不行，是不亦文矣乎。

园在德胜桥右。入门，古屋三楹，榜曰太师圃，自三字外，额无扁，柱无联，壁无诗片。西转而北，垂柳高槐，树不数枚，以岁久繁柯，阴遂满院。藕花一塘，隔岸数石，乱而卧，土墙生苔，如山脚到涧边，不记在人家圃。野塘北，又一堂临湖，芦苇侵庭除，为之短墙以拒之。左右各一室，室各二楹，荒荒如山斋。西过一台，湖于前，不可以不台也。老柳瞰湖而不让台，台遂不必尽望。该他图，花树故故为容，亭台意特特在湖者，不免佻达矣。园左右多新亭馆，对湖乃寺。万历中，有筑于园侧者，掘得元寺额，曰"石湖寺"焉。

雀儿庵

雀儿庵，在潭柘后山五里，在千峰万峰中，在四时树色、四时虫鸟声中。庵，方丈耳。一灯满光，一香满烟。然佛容龛、容供几，僧容席、容榻、容厨，客来客坐，庵矣。山田给粥饭，叶给汤饮，蔬果给糗饵，庵矣。庵名雀儿者，金章宗幸此弹雀，弹往雀下，发百不虚。盖山无人，雀无机，树有响，弦无声也。章宗喜，即行幄庵之，曰雀儿。后方僧来住，未悉本所名义，以臆造佛母孔雀明王佛像。又后僧曰："明王佛修行处。"或又曰："显化处也。"今者，僧确然对客曰："孔雀庵也。雀儿名为当更。"而人呼雀儿庵如初。

西 堤

水从高梁桥而又西，萦萦入乎偶然之中。岸偶阔狭，而面以阔以狭。水底偶平不平，而声以鸣不鸣。偶值数行柳垂之，傍极乐、真觉诸寺临之，前广源闸节之，上麦庄桥越之，而以态写，以疏密致，以明暗通。过桥，水亦已深，偶得潢衍，遂湖焉。界之长堤，湖在堤南，堤则北；稻田豆场在堤北，堤则南。曰西堤者，城西堤也。

堤，官堤，人无敢亭，无敢舫，无敢渔。荷年年盛一湖，无敢采采。

凡荷藕恶石及水，芊恶泥，蒂恶流水，花叶恶水而乐日，故水太深以流，泥太深浅者，不能花也。西堤望湖，不花者，数段耳。荷，花时即叶时，花香其红，叶香其绿，香皆以其粉。荷，风姿而雨韵：姿在风，羽红摇摇，扇白翻翻；韵在雨，粉历历，碧琤琤，珠溅合，合而倾。荷，朵时笔植，而花好偃仰，花头每重，柄每弱，盖每傍挤之。菱砌芡铺，簪之慈菇，鹭步鸦投，浮鹥没凫，则感荷而愁鱼矣。

堤行八九里，龙王庙，庙之傍黑龙潭，隔湖一堤，而各为水。又行一里，堤始尾，湖始濒，荷香始回。右顾村百家，上青龙桥，即玉泉山下也。

万历十六年，上谒陵还，幸湖，御龙舟。先期水衡于下流闸水，水平堤。内侍潜系巨鱼水中，处处识之，则奏举网，紫鳞银刀，泼剌水面，上颜喜。

与兄子秀书

陈　暄

　　且见汝书与孝典，陈吾饮酒过差。吾有此好，五十余年，昔吴国张长公，亦称耽嗜。吾见张时，伊已六十，自言引满，大胜少年时。吾今所进，亦多于往日，老而弥笃，唯吾与张季舒耳。吾方与此子交欢于地下，汝欲笑吾所志邪？昔阮咸、阮籍，同游竹林，宣子不闻斯言，王湛能玄言巧骑，武子呼为痴叔，何陈留之风不嗣，太原之气岿然，翻成可怪？

　　吾既寂漠当世，朽病残年，产不异于颜、原，名未动于卿相，若不日饮醇酒，复欲安归！汝以饮酒为非，吾不以饮酒为过。昔周伯仁度江，唯三日醒，吾不以为少；郑康成一饮三百杯，吾不以为多。然洪醉之后，有得有失，成厮养之志，是其得也。使次公之狂，是其失也。吾常譬酒之犹水，亦可以济舟，亦可以覆舟，故江谘议有言：“酒，犹兵也。兵可千日而不用，不可一日而不备；酒可千日而不饮，不可一饮而不醉。”美哉江公，可与共论酒矣。

　　汝惊吾堕马侍中之门，陷池武陵之第，遍布朝野，自言焦悚。“丘也幸，苟有过，人必知之。”吾生平所愿，身没之后，题吾墓云"陈故酒徒陈君之神道"。若斯志意，岂避南征之不复，贾谊之恸哭者哉？何水曹眼不识杯铛，吾口不离瓢杓，汝宁与何同日而醒，与吾同日而醉乎？政言其醒可及，其醉不可及也。速营糟丘，吾将老焉！尔无多言，非尔所及！

与孟东野书

韩　愈

　　与足下别久矣，以吾心之思足下，知足下悬悬于吾也。各以事牵，不可合并。其于人人，非足下之为见，而日与之处，足下知吾心乐否也！吾言之，而听者谁钦？吾唱之，而和者谁钦？言无听也，唱无和也，独行而无徒也，是非无所与同也，足下知吾心乐否也！

　　足下才高气清，行古道，处今世，无田而衣食，事亲左右无违，足下之用心勤矣，足下之处身劳且苦矣。混混与世相浊，独其心追古人而从之，足下之道其使吾悲也。

　　去年春，脱汴州之乱，幸不死，无所于归，遂来于此。主人与吾有故，哀其穷，居吾于符离睢上。及秋将辞去，因被留以职事，默默在此，行　年矣。到今年秋，聊复辞去。江湖，余乐也，与足下终幸矣！李习之娶吾亡兄之女，期在后月，朝夕当来此。张籍在和州居丧，家甚贫。恐足下不知，故具此白，冀足下一来相视也。自彼至此虽远，要皆舟行可至，速图之，吾之望也！春且尽，时气向热，惟侍奉吉庆。愈眼疾比剧，甚无聊，不复一一。

　　愈再拜。

工 狱

宋 本

　　京师小木局，木工数百人，官什伍其人，置长分领之。一工与其长争，长曲不下，工遂绝不往来。半岁，众工谓口语非大嫌，酿酒肉，强工造长居，和解之，乃讙如初，暮醉散去。

　　工妇淫，素与所私者谋戕良人，不得间。是日，以其醉于仇而返也，杀之。仓卒藏尸无所。室有土榻，榻中空，盖寒则以厝火者，乃启榻砖实尸空中。空陿，割为四五，始容焉，复砖故所。明日，妇往长家哭曰："吾夫昨不归，必而杀之！"讼诸警巡院，院以长仇也，逮之，榜掠不胜毒，自诬服。妇发丧成服，召比丘修佛事，哭尽哀。院诘长尸处，曰："弃壕中。"责伍作二人索之壕，弗得。

　　伍作本治丧者，民不得良死而讼者主之，是故常也。刑部御史、京尹交促具狱甚急。二人者期十日得尸，不得，笞。既乃竟不得，笞；期七日，又不得；期五日，期三日，四被笞，终不得，而期益近。二人叹惋，循壕相语，笞无已时，因谋别杀人应命。暮坐水傍，一翁骑驴渡桥，㩻角挤堕水中，纵驴去。惧状不类，不敢辄出。又数受笞，涉旬余，度翁烂不可识，举以闻院。召妇审视，妇抚而大号曰："是矣，吾夫死乃尔若耶？"取夫衣招魂壕上，脱笄珥具棺葬之。狱遂成，院当长死，案上，未报可。

骑驴翁之族，物色翁不得。一人负驴皮道中过，宛然其所畜。夺而披视，血皮未燥。执诉于邑，亦以鞫讯憯酷，自诬劫翁驴，翁拒而杀之，尸藏某地。求之，不见，辄更曰某地。辞数更，卒不见。负皮者瘐死狱中。

岁余，前长奏下，缚出狴犴，众工随而譟若雷。虽皆愤其冤，而不能为之明，环视无可奈何。长竟斩，众工愈哀叹不置。遍访其事，无所得，不知为计。乃聚议裒交钞百定，处处置衢路，有得某工死状者酬以是。亦寂然无应者。

初，妇每修佛事，则丐者坌至求供饭。一故偷常从丐往乞。一日，偷将盗他人家，尚蚤，不可。既熟妇门户，乃暗中依其垣屋以须。迫钟时，忽醉者踉跄而入，酗而怒妇，罥之拳之，且蹴之，妇不敢出声。醉者睡，妇微谇烛下曰："缘而杀吾夫，体骸异处土榻下，二岁余矣！榻既不可火，又不敢填治，吾夫尚不知腐尽以否？今乃虐我！"叹息饮泣。偷立牖外，悉得之，默自贺曰："奚偷为？"明发，入局中号于众："吾已得某工死状，速付我钱！"众以其故偷不肯，曰："必暴著乃可！"遂书合，分支与偷，"且俾众遥随我往。"偷阳被酒，入妇舍挑之。妇大骂："丐，敢尔！"邻居皆不平偷，将殴之。偷遽去土榻席板砖，作欲击斗状，则尸见矣。众工突入，偿偷购，反接妇送官。妇吐实，醉者则所私也。

官复穷壕中死人何从来？伍作款："挤何物骑驴翁堕水。"

伍作诛。妇洎所私者磔于市。先主长死吏,皆废终身。官知水中翁
即乡瘐死者事,然以发之则吏又有得罪者数人,遂寝,负皮者冤
竟不白。

书麻城狱

袁　枚

麻城涂如松，娶杨氏，不相中，归辄不返。如松嗛之而未发也。亡何，涂母病，杨又归，如松复殴之，杨亡，不知所往。两家讼于官。杨弟五荣疑如松杀之，访于九口塘。有赵当儿者，素狡猾，谩曰："固闻之。"盖戏五荣也。五荣骇，即拉当儿赴县为证，而诉如松与所狎陈文等共杀妻。知县汤应求讯无据，狱不能具。当儿父首其儿故无赖妄言，请无随坐。汤访唆五荣者生员杨同范，虎而冠也，乃请褫同范，缉杨氏。先是杨氏为王祖儿养媳，祖儿死，与其侄冯大奸。避如松殴，匿大家月余。大母虑祸，欲告官。大惧，告五荣，五荣告同范。同范利其色，曰："我生员也，藏之，谁敢篡取者？"遂藏杨氏复壁中，而讼如松如故。

逾年，乡民黄某埋其僮河，滩浅，为犬爬啖。地保请应求往验。会雨，雷电以风，中途还。同范闻之，大喜，循其衣衿笑曰："此物可保！"与五荣谋，伪认杨氏，贿仵作报女尸。李不可。越二日，汤往，尸朽不可辨，殓而置揭焉。同范、五荣率其党数十人哄于场，事闻总督迈柱，委广济令高仁杰重验。高，试用令也，觊觎汤缺，所用仵作薛某，又受同范金，竟报女尸肋有重伤。五荣等遂诬如松杀妻，应求受贿，刑书李献宗舞文，仵作李荣妄报。总督信之，劾应求，专委高鞫。高掠如松等，两踝骨见，犹无辞。乃烙铁索，使跽，肉烟起，焦灼有声。虽应求不免。不胜其毒，皆诬服。李荣死于杖下。然尸故男也，无发，无脚指骨，无血裙裤。逼如松取呈。如松瞀乱，妄指认抵谰。初掘一冢，得朽木数十片。再掘，并木无有，或长髯巨靴，不知是何男子。最后得尸足、弓、鞋。官吏大喜，再视髑髅上鬖鬖白发，又惊弃之。麻城尤主之墓，发露者以百数。每不得，又炙如松。如松母许氏，哀其子之求死不得也，乃剪己发摘去星星者为束；李献宗妻刲臂血染一裤一裙，斧其亡儿棺，取脚指骨。凑聚诸色，自瘗河滩，而引役往掘，果得。狱具。署黄州府蒋嘉年廉其诈，不肯转，召他县仵作再验，皆曰男也。高仁杰大惧，诡详尸骨被换，求再讯。俄而山水暴发，并尸冲没，不复验。总督迈柱竟以如松杀妻，官吏受赃，拟斩绞奏。麻城民间知其冤，道路汹汹然，卒不得杨氏，事无由明。

居亡何，同范邻妪早起，见李荣血模糊奔同范家，方惊疑。同范婢突至曰："娘子未期，遽产，非妪莫助举儿者！"妪奋臂往。儿颈拗，胞不得下，须多人掐腰乃下。妻窘呼："三姑救我！"杨氏闯然从壁间出，见妪大悔，欲避而面已露，乃跪妪前戒勿泄。同范自外入，手十金纳妪袖，手摇不止。妪出，语其子曰："天乎！犹有鬼神，吾不可以不雪此冤矣！"即属其子持金诉县。县令陈鼎，海宁孝廉也，久知此狱冤，苦不得间，闻即白巡抚吴应芬。吴命白总督。总督故迈柱闻之，以为大愚，色忿然。无所发怒，姑令拘杨氏。陈阴念拘杨氏稍缓或漏泄，必匿他处，且杀之灭口，狱仍不具也。乃伪访同范家畜娼，而身率快手直入，毁其壁，果得杨氏。麻城人数万欢呼，随之至公堂。召如松认妻。妻不意其夫状焦烂如此，直前抱如松颈大恸曰："吾累汝！吾累汝！"堂下民皆雨泣。五荣、同范等叩头乞命无一言。时雍正十七年七月二十四日也。

吴应芬以状奏。越十日而原奏句诀之旨下。迈柱不得已，奏案有他故，请缓决。杨同范揣知总督意护前，乃诱杨氏具状称身本为娼，非如松妻，且自伏窝娼罪。迈复据情奏。天子召吴、迈二人俱内用，特简户部尚书史贻直督湖广，委两省官会讯，一切皆如陈鼎议。乃复应求官，诛同范、五荣等。

袁子曰："折狱之难也！三代而下，民之谲觚甚矣！居官者又气矜之隆，刑何由平，彼枉滥者何辜焉！麻城一事，与元人宋诚夫所书《工狱》相同，虽事久卒白，而辗转变幻，危乎难哉！虑天下之类是而竟无平反者，正多也！然知其难而慎焉，其于折狱也庶矣。此吾所以书麻城狱本意也夫！"

江邻几文集序

欧阳修

　　余窃不自揆，少习为铭章，因得论次当世贤士大夫功行。自明道、景祐以来，名卿巨公往往见于余文矣。至于朋友故旧，平居握手言笑，意气伟然，可谓一时之盛。而方从其游，遽哭其死，遂铭其藏者，是可叹也。盖自尹师鲁之亡，逮今二十五年之间，相继而殁，为之铭者，至二十人。又有予不及铭与虽铭而非交且旧者，皆不与焉。呜呼，何其多也！不独善人君子难得易失，而交游零落如此，反顾身世死生盛衰之际，又可悲夫！而其间又有不幸罹忧患、触纲罗，至困厄流离以死。与夫仕宦连蹇、志不获伸而殁，独其文章尚可见于世者，则又可哀也欤！然则虽其残篇断稿，犹为可惜，况其可以垂世而行远也！故余于圣俞、子美之殁，既已铭其圹，又类集其文而序之。其言尤感切而殷勤者，以此也。

　　陈留江君邻几，常与圣俞、子美游，而又与圣俞同时以卒。予既志而铭之。后十有五年，来守淮西，又于其家得其文集而序之。邻几，毅然仁厚君子也。虽知名于时，仕宦久而不进，晚而朝廷方将用之，未及而卒。其学问通博，文辞雅正深粹，而论议多所发明，诗尤清淡闲肆可喜。然其文已自行于世矣，固不待予言以为轻重。而予特区区于是者，盖发于有感而云然。

诗经选

周　南

关　雎

关关雎鸠，在河之洲。窈窕淑女，君子好逑。

参差荇菜，左右流之。窈窕淑女，寤寐求之。求之不得，寤寐思服。悠哉悠哉，辗转反侧。

参差荇菜，左右采之。窈窕淑女，琴瑟友之。参差荇菜，左右芼之。窈窕淑女，钟鼓乐之。

葛　覃

葛之覃兮，施于中谷，维叶萋萋。黄鸟于飞，集于灌木，其鸣喈喈。

葛之覃兮，施于中谷，维叶莫莫。是刈是濩，为絺为绤，服之无斁。

言告师氏，言告言归。薄污我私。薄浣我衣。害浣害否？归宁父母。

卷 耳

采采卷耳，不盈顷筐。嗟我怀人，寘彼周行。

陟彼崔嵬，我马虺隤。我姑酌彼金罍，维以不永怀。

陟彼高冈，我马玄黄。我姑酌彼兕觥，维以不永伤。

陟彼砠矣，我马瘏矣，我仆痡矣，云何吁矣。

樛 木

南有樛木，葛藟累之。乐只君子，福履绥之。

南有樛木，葛藟荒之。乐只君子，福履将之。

南有樛木，葛藟萦之。乐只君子，福履成之。

螽 斯

螽斯羽诜诜兮，宜尔子孙振振兮。

螽斯羽薨薨兮，宜尔子孙绳绳兮。

螽斯羽揖揖兮，宜尔子孙蛰蛰兮。

桃 夭

桃之夭夭，灼灼其华。之子于归，宜其室家。
桃之夭夭，有蕡其实。之子于归，宜其家室。
桃之夭夭，其叶蓁蓁。之子于归，宜其家人。

兔 罝

肃肃兔罝，椓之丁丁。赳赳武夫，公侯干城。
肃肃兔罝，施于中逵。赳赳武夫，公侯好仇。
肃肃兔罝，施于中林。赳赳武夫，公侯腹心。

芣 苢

采采芣苢，薄言采之。采采芣苢，薄言有之。
采采芣苢，薄言掇之。采采芣苢，薄言捋之。
采采芣苢，薄言袺之。采采芣苢，薄言襭之。

汉 广

南有乔木，不可休息。汉有游女，不可求思。汉之广矣，不可泳思。江之永矣，不可方思。

翘翘错薪，言刈其楚。之子于归，言秣其马。汉之广矣，不可泳思。江之永矣，不可方思。

翘翘错薪，言刈其蒌。之子于归，言秣其驹。汉之广矣，不可泳思。江之永矣，不可方思。

汝 坟

遵彼汝坟，伐其条枚。未见君子，惄如调饥。

遵彼汝坟，伐其条肄。既见君子，不我遐弃。

鲂鱼赪尾，王室如燬。虽则如燬，父母孔迩。

麟之趾

麟之趾，振振公子，于嗟麟兮。

麟之定，振振公姓，于嗟麟兮。

麟之角，振振公族，于嗟麟兮。

历史的文学观念论

胡 适

居今日而言文学改良，当注重"历史的文学观念"。一言以蔽之，曰一时代有一时代之文学。此时代与彼时代之间，虽皆有承前启后之关系，而决不容完全钞袭。其完全钞袭者，决不成为真文学。愚惟深情此理，故以为古人已造古人之文学，今人当造今人之文学。至于今日之文学与今后之文学究竟当为何物，则全系于吾辈之眼光、识力与笔力，而非一二人所能逆料也。惟愚纵观古今文学变迁之趋势，以为白话之文学种子已伏于唐人之小诗短词。及宋而语录体大盛，诗词亦多有用白话者。元代之小说戏曲，则更不待论矣。此白话文学之趋势，虽为明代所截断，而实不曾截断。语录之体，明清之宋学家多沿用之。词曲如《牡丹亭》《桃花扇》，已不如元人杂剧之通俗矣。然昆曲卒至废绝，而今之俗剧乃起而代之。今后之戏剧，或将全废唱本而归于说白，亦未可知。此亦由文言趋于白话之一例也。小说则明清之有名小说，皆白话也。近人之小说，其可以传后者，亦皆白话也。故白话之文学自宋以来，虽见屏于古文家，而终一线相承，至今不绝。

夫白话之文学，不足以取富贵，不足以邀声誉，不列于文学之"正宗"，而卒不能废绝者，岂无故耶？岂不以此为吾国文学趋势，自然如此，故不可禁遏而日以昌大耶？愚以深信此理，故又以为今日之文学，当以白话文学为正宗。然此但是一个假设之前提，在文学史上，虽已有许多证据，如上所云，而今后之文学之果出于此与否，则犹有待于今后文学家之实地证明。若今后之文人不能为吾国造一可传世之白话文学，则吾辈今日之纷纷议论，皆属枉费精力，决无以服古文家之心也。

然则吾辈又何必攻古文家乎？曰："是亦有故。"吾辈主张"历史的文学观念"，而古文家则反对此观念也。吾辈以为今人当造今人之文学，而古文家则以为今人作文必法马、班、韩、柳。其不法马、班、韩、柳者，皆非文学之"正宗"也。吾辈之攻古文家，正以其不明文学之趋势而强欲作一千年二千年以上之文。此说不破，则白话之文学无有列为文学正宗之一日，而世之文人将犹鄙薄之以为小道邪径而不肯以全力经营造作之。如是，则吾国将永无以全副精神实地试验白话文学之日。夫不以全副精神造文学而望文学之发生，此犹不耕而求获不食而求饱也，亦终不可得矣。

吾辈既以"历史的"眼光论义，则亦不可不以历史的眼光论古文家。《记》曰："生乎今之世，反古之道，裁必及乎身。"此言复古者之谬，虽孔圣人亦不赞成也。古文家之罪正坐"生乎今之世，反古之道"。古文家盛称马班，不知马班之文已非古文。使马班皆作《盘庚》《大浩》"清庙生民"之文，则马班决不能千古矣。古文家又盛称韩柳，不知韩柳在当时皆为文学革命之人。彼以六朝骈俪之文为当废，故改而趋于较合文法，较近自然之文体。其时白话之文未兴，故韩柳之文在当日皆为"新文学"。韩柳皆未尝自称"古文"，古文乃后人称之辞耳。此如七言歌行，本非"古体"，六朝人作之者数人而已。至唐而大盛，李杜之歌行，皆可谓创作。后之妄人，乃谓之曰"五古""七古"，不知五言作于汉代，七言尤不得为古，其起与律诗同时。若《周颂》《商颂》，则真"古诗"耳。故李杜作"今诗"，而后人谓之"古诗"；韩柳作"今文"，而后人谓之"古文"。不知韩柳但择当时文体中之最近于文言之自然者而作之耳。故韩柳之为韩柳，未可厚非也。

及白话之文体既兴，语录用于讲坛，而小说传于穷巷。当此之时，"今文"之趋势已成，而明七子之徒乃必欲反之于汉魏以上，则罪不容辞矣。归、方、刘、姚之志与七子同，特不敢远攀周、秦，但欲近规韩、柳、欧、曾而已，此其异也。吾故谓古文家亦未可一概抹煞。分别言之，则马班自作汉人之文，韩柳自作唐代之文。其作文之时，言文之分尚不成一问题，正如欧洲中古之学者，人人以拉丁文著书，而不知其所用为"死文字"也。宋代之文人，北宋如欧、苏皆常以白话入词，而作散文则必用文言；南宋如陆放翁常以白话作律诗，而其文集皆用文言；朱晦庵以白话著书写信，而作"规短文字"则皆用文言，此皆过渡时代之不得已，如十六七世纪欧洲学者著书往往并用己国俚语与拉丁两种文字，不得概以古文家冤之也。惟元以后之古文家，则居心在于复古，居心在于过抑通俗文学而以汉、魏、唐、宋代之。此种人乃可谓真正"古文家"！吾辈所攻击者，亦仅限于此一种"生于今之世反古之道"之真正"古文家"耳！

雨中泛湖记

许 毅

　　嘉靖丙午，予以罪放逐于武林，将与箕泉王子订湖山之约，每苦风雨猛烈未果。俄而南溟杨子放舟白海上至，问讯谪居，敦厚友谊，于是慨然命驾，斯游遂勇。时二月二十一日也。

　　是日零雨初歇，旭日微映，和风徐拂，淡烟未收，乃并辔联舆，憩于静慈之上。八牕洞启，四天豁然，湖山青苍，俱在目睫。寺即倚南屏山，山有怪石长松，峻嶒震耸，人语不闻，松涛递响，真若万马腾空而下也。人谓湖上纵观，以此山为旷，岂不信哉！顷之，阴云半合，微雨渐零，薄饮初醺，榜人适至，相与攀萝泝堤，坐于青舫之上。于时烟霏迷护，水波苍茫，群山叠岫，恍忽如失。循六桥而下，则红桃碧柳，隐隐有芳菲之色，鸥鹭出没于沧波之间，若与人狎而不去。舣舟孤山，犹见和靖之墓，回视保叔浮图，微有仿佛而已。幽兴勃然，举觞无算。仆有善歌《梁州》，悲切可听，乃复秉烛流连，踟蹰各不能去。噫嘻，此可谓之人间，而非蓬莱、弱水乎？

　　予谓良友罕觏，佳景难遘，放浪而会，乃成欢悰。予与杨子别已六年，与王子别盖十有五年矣。书札相传，恨不能会。今会乃在湖山间，复值此景，岂非数之前定者哉！且人之游览，必选晴霁。今观烟雨之上，泛舟者几人，乃知寂寞之滨，人所不爱，贵在自得之耳。况乎红英半落，绿阴渐成，春且阑珊去矣。必竢惠风和煦，岂不晚哉！然则我二三人者，不畅叙剧饮，负于斯景多矣。然二君行且登朝堂用世矣，予将抱拙丘园，咏歌烟月，他日倘访予于白鹭洲南，握手道故，岂能无感于斯会也哉！

晚游六桥待月记

袁宏道

西湖最盛，为春为月。一日之盛，为朝烟，为夕岚。

今岁春雪甚盛，梅花为寒所勒，与杏、桃相次开发，尤为奇观。周望数为余言："傅金吾园中梅，张功甫玉照堂故物也，急往观之。"余时为桃花所恋，竟不忍去。

湖上由断桥至苏堤一带，绿烟红雾，弥漫二十余里。歌吹为风，粉汗为雨，罗纨之盛，多于堤畔之草，艳冶极矣。然杭人游湖，止午、未、申三时。其实湖光染翠之工，山岚设色之妙，皆在朝日始出，夕舂未下，始极其浓媚。月景尤不可言，花态柳情，山容水意，别是一种趣味。此乐留与山僧游客受用，安可为俗士道哉？

与吴质书

曹 丕

二月三日，丕白。

岁月易得，别来行复四年。三年不见，《东山》犹叹其远，况乃过之，思何可支！虽书疏往返，未足解其劳结！

昔年疾疫，亲故多离其灾，徐、陈、应、刘，一时俱逝，痛可言邪？昔日游处，行则连舆，止则接席，何曾须臾相失！每至觞酌流行，丝竹并奏，酒酣耳热，仰而赋诗，当此之时，忽然不自知乐也。谓百年己分，可长共相保，何图数年之间，零落略尽，言之伤心！

顷撰其遗文，都为一集，观其姓名，已为鬼录。追思昔游，犹在心目，而此诸子，化为粪壤，可复道哉！

观古今文人，类不护细行，鲜能以名节自立。而伟长独怀文抱质，恬淡寡欲，有箕山之志，可谓彬彬君子者矣。著《中论》二十余篇，成一家之言，词义典雅，足传于后，此子为不朽矣。德琏常斐然有述作之意，其才学足以著书，美志不遂，良可痛惜！间者历览诸子之文，对之技泪，既痛逝者，行自念也。孔璋章表殊健，微为繁富。公干有逸气，但未遒耳；其五言诗之善者，妙绝时人。元瑜书记翩翩，致足乐也。仲宣独自善于辞赋，惜其体弱，不足起其文，至于所善，古人无以远过。

昔伯牙绝弦于钟期，仲尼覆醢于子路，痛知音之难遇，伤门人之莫逮。诸子但为未及古人，自一时之俊也。今之存者，已不逮矣。后生可畏，来者难诬，恐吾与足下不及见也！

年行已长大，所怀万端，时有所虑，至通夜不瞑，志意何时复类昔日？已成老翁，但未白头耳！光武言："年三十余，在兵中十岁，所更非一。"吾德不及之，年与之齐矣！以犬羊之质，服虎豹之文；无众星之明，假日月之光，动见瞻观，何时易乎？恐永不复得为昔日游也！少壮真当努力，年一过往，何可攀援？古人思秉烛夜游，良有以也。

顷何以自娱？颇复有所述造不？东望于邑，裁书叙心。

丕白。

与马苇舟

吴锡麟

苇舟仁兄先生，足下：

三次趋候，总未得晤。弟今日下园，大约在月初方得出城。然讷旃故后，承曹剑亭前辈允其知会同乡，酌为资助，但日来厨无粒米，囊涩一钱，八口之家，嗷嗷待哺，穿孔之衣，折足之床，所值几何，而能供日食之给乎？现在所负屋租，不下数十千，而产主日催出屋；以一盲妇人，提携四五碎男雏女，伥伥何之，其不至毙于道旁者有几！长安米贵，避债无台；弟之近状，势不能从井救人。然睹此凄凉之状，目有不堪，辄念讷旃诗酒纵情，不过不事生计，随有随掷，乃文人之厄，一至于此；迹其交游，何止数百辈，至盖官之日，临哭者谁？吁，其伤矣！此惟吾兄达诸剑亭，须得函致同乡，早为料理，不特死者固为衔结，即生者亦如疲极之众，一入化城，便生安稳想也。

敬敬崇安。

张萱四景宫女画记

元好问

　　一转角亭，桷栏楹槛，渥丹为饰，绿琉璃砖为地。女学士三，皆素锦帕。首南向者，绿衣红裳，隐几而坐，一手柱颊，凝然有所思。其一东坐，素衣红裳，按笔作字。西坐者，红衣素裳，袖手凭几，昂面谛想，如作文而未就者。亭后来禽盛开，一内人不裹头，倚栏仰看。凡裳者，皆有双带下垂，几与裳等，但色别于裳耳。亭左湖石，右木芍药。一素衣红裳人翦花；一人捧盘盛之；一人得花，缓步回首，按锦帕，插之髻环之后。此下一人，锦帕首，淡黄锦衣，红裙，袖手而坐。并坐者吹笙；左二人弹筝，合曲；右一人黄帽，如重戴而无沥水，不知何物，背而吹笙；乃知锦帕有二带，系之髻环之后。一小鬟前立按拍；一女童舞；一七八岁白锦衣女，戏指于舞童之后。吹笙者，红衣素裳；筝色笛色板色，素衣红裙。已上为一幅。

　　一湖石，芭蕉竹树，紫薇花繁盛。花下二女，凭栏仰看团花，蓝纱映生衣，红缬为裙。并立者，白花笼，红绡中单。三人环冰盘坐。其红衣者，顾凭栏看花者二白衣相对。女侍二：一挈祕壶；一捧茗器。四人临池观芙蕖、鸂鶒：一坐砌上；一女童欲掬水，弄操。便面者十一人。便面皆以青绿为之，琵琶一，笙一，箫笛三，板一，聚之按上，二藤杌在旁。为一幅。

　　一大桐树，下有井，井有银床，树下落叶四五。一内人，冠髻，着淡黄半臂金红衣，青花绫裙，坐方床。床加褥，而无裙。一捣练杵，倚床下。一女使，植杵立床前。二女使对立捣练。练有花，今之文绫也。画谱：谓萱取"金井梧桐秋叶黄"之句为图，名《长门怨》者，殆为此耶？芭蕉叶微变，不为无意。树下内一人，花锦冠，绿背搭，红绣为裙，坐方床。缯平锦满箱，一女使展红缬托量之。此下秋芙蓉满丛，湖石旁，一女童持扇炽炭，备熨帛之用。三内人坐大方床。一戴花冠，正面九分，红绣窄衣，蓝半臂，桃花裙，双红带下垂，尤显然；一膝跛床角，以就缝衣之便。一桃花锦窄衣，绿绣襜，裁绣段。二女使挣素绮；女使及一内人平熨之；一女童，白锦衣，低首熨帛之下，以为戏。中二人，双绶带，胸腹间系，亦有不与裙齐者。此上为一幅。

　　一大堂，界画细整。脊兽狞恶，与今时特异，积雪盈瓦沟，山茶盛开，高出檐际。堂锦亦渥丹，而楹桷间有青绿错杂之。堂下湖石一，树立湖石傍，其枝柯盖紫葳也。堂上垂帘。二内人坐中楹，花帽幂首，衣袖宽博，钩帘而坐，如有所待然。女使五人。二在帘楹间；一抱孩子；孩子花帽，绿锦衣；女使抱之，搴帘入堂中，真态宛然。二捧汤液器；一导四内人外阶，衣着青红各异。三人所载如今人蛮笠，而有玳瑁班，不知何物为之。一内人，拥花帽，与前所画同。一女使从后砌下，池水冻结，枯蒲布其中，冻鸭并卧，有意外荒寒之趣。已上为一幅。

人物每幅十四，共五十六人。

日本俗歌选

周作人译

一

人家要说话，便任他们去说罢，反正并不是做了人家不做的事情。人们的嘴真是讨厌阿！

二

偶然的被月夜的乌鸦叫醒了，又是想相逢，又是不耐烦，我只是说着无理的心愿，求祷神明。相思的病，也是痫性的缘故么？将酒来消遣罢。这原是苦的世界！

三

独自凄凉的睡着，被叩柴门的稻鸡欺骗了。心想或者——可不是他么？出来看时，（却只见）月下可羞的我的一个人影。

四

月光下映出了自身的可恨的朦胧的（孤）影，——抚着鬓栉，只是沉思，竟会憔悴到这样的么！

五

坐了等着，卧了等着，总是无消息。宽阔的帐里，独自一个人儿。比灯火（还热的）胸中的火烧着的想思，请你体察罢。

六

幽会的欢情的无常呵！这回的相逢，也是拼着性命。无理的（饮）酒，遮盖了眼泪打湿的白粉的面庞。

七

任着风吹的垂杨柳，讨厌的客人也是比翼席。苦海的营生真是苦辛呀！唉？低声的私语，……只有情郎总算是买卖的慰藉罢了。

八

鬓发的散乱，这是枕头的磨折呵，面庞的消瘦是你的磨折。

九

把火盆拉过来，平了炭灰，抹去了重又写上的他的名字。

十

长廊的中央，（说）"请忍耐着罢。"眼里满着清泪了。

十一

在栅门口告了别，在廊下哭了，在那讨厌的房间里假笑着。

十二

成双的不相分离的胡蝶，也在水边拆散了。因了人们的嘴，所以（和你）疏远了。

十三

在桐壶里见了落下一叶，这便令我担心了。可不是"秋天来了"的响卜么？

十四

梦里也罢，让我们聚会一回，在梦里未必会有什么流言罢。

十五

想到从前的事情，煞是可惜呀！为什么现在再也没有从前了？

十六

雨尽下着罢，只不要雪；（雪下了）夜行的小路里，竹会要湾曲，（阻塞了道儿。）

十七

"来了罢，来了罢。"眺望着河的下岸，却只见是萧艾的影子。

十八

一夜的亲近，就有了这个（孽障），"新茶的茶瓶"（说是）我是不知道。

十九

远远地放着可爱的情人，便是乌鸦叫了，也觉得担心。

二〇

说"要想起我"，那是因为忘记了的缘故呀。（我是）不想起，也并不忘记。

二一

十九二十正是艳闻流传的代时呵，双亲也要请宽大一点罢。

二二

那山高呀，那个人家望不见了。那个人家可爱呀，那山可恶呀!

二三

天要阴时便阴罢。箱根山郎使晴了，反正是望不见江户。

二四

教他看了中意，这是过去的心愿了。如今的苦心是，怎样不要被他抛弃了。

二五

倘是我的不好，可以请饶的，不要再执拗，向着这边罢，又不是能够随意相逢的身子；——一会儿乌鸦要叫起来了罢。

二六

虽然不是应该说的话，还要请你留心罢，现在可是有关于你的流言呢。

二七

倘若是路上落了雨，请你当他是我的眼泪罢。

二八

太难过了，出来看山的时候，也没有一座不遮云山。

二九

在恋爱里焦灼着的蝉，还不如不叫的萤火，将身子都焦灼了。

三〇

女人的心与萤火，嘴里不说，却将身子焦灼了。

三一

不要强留，放了手罢！又不是明天再没有时光了。那边的挽留的心，还不如这边回去的心子，怎样的怎样的难受呵！

三二

晚间悄悄的来请从后门来；前门是重重的墙壁，（又是）下了锁。

三三

你来时要在暗夜；月夜里来了，不要给双亲看见了你的影。

三四

我是开在野里的蒲公英呀，被人家践蹋，却还是开着。

三五

郎是松虫，我是金钟儿，相逢也罢，离别也罢，总只是啼着。

三六

"想念么，你，不相念么？""相念着，这才，过了田坂，独自在夜里走了来的呵。"

三七

说宽说窄的从前的卧室，如今是正眼也不一看的走过了。

三八

说是缘断了，还请便中捎个信来，本来不是因为嫌憎而分散的交情呵。

录桃源画记

舒元舆

四明山道士叶沈，囊出古画。画有《桃源图》。

图上有溪，溪名武陵之源。按《仙记》，分灵洞三十六之一支。其水趣流，势与江河同。有深而渌，浅而白，白者激石，渌者落镜。溪南北有山，山如屏形，接连而去，峰竖不险，翠秾不浮。其夹岸有树木千万本，列立如揖，丹色鲜如霞，擢举欲动，灿若舒颜。山铺水底，草散茵毯。有鸾青其衿，有鹤丹其顶，有鸡玉其羽，有狗金其色，毛傞傞亭亭，闲而立者十有八九。岸而北，有曲深岩门，细露室宇，霞槛缭转，云磴五色，雪冰肌颜，服身衣裳，皆负星月文章。岸而南，有五人，服貌肖虹玉，左右有书童玉女，角发而侍立者十二。视其意况，皆逍遥飞动，若云十许片，油焉而生，忽焉而往。

其高处有坛，层级沓玉冰。坛面俄起炉灶，灶口含火，上有云气，具备五色。中有溪艇泛上，一人雪华鬓眉，身着秦时衣服，手鼓短枻，意状深远。

合而视之，大略山势高，水容深，人貌魁奇，鹤情闲暇，烟岚草木，如带香气，熟得详玩。自觉骨夐清玉，如身入镜中，不似在人寰间，眇然有高谢之志从中来。

坐少选，道士卷画而藏之。若身形却落尘土中，视向所张壁上，又疑有顽石化出，塞断道路。某见画物不甚寡，如此图未尝到眼，是知工之精而有如是者邪? 叶君且自珍重，无路得请，遂染笔录其名数，将所以备异日写画之不谬也。

乙 编

我的人生观

仲 九

一

　　人生观与改造　近几个月来,社会上改造的呼声狠高,凡是杂志的言论,团体的组织,几乎没有不涉及改造二个字。但是改造的事业狠复杂:就性质而论,有道德、习惯的、政治的、法律的、思想的,种种改造;就范围而论,有世界的、国际的、社会的、家族的、个人的,种种改造。这样复杂的改造事业,究竟从哪里着手呢?据我看来,一切的事业,都是根据人生观而来的。有怎样的人生观,才有怎样的事业。所以要改造一切事业,必先改造人生观。人生观不改造,就不晓得改造为什么,改造应怎样,哪里会去改造呢?不但自己不肯改造,而且要反对别人的改造。即使不反对,但是不是盲从,就要傅会,和反对改造,同一妨碍改造的。所以我以为要改造,必先从改革人生观入手。

　　人生观是什么?人生观是什么?就是对于"人是什么""做人为什么""做人应该怎样"三个问题的明了的答案。这种问题,可以说是最浅近的,也可以说是最高深的。我们都是一个人，我们哪一日不做人？既然要做人，对于人的特质和做人的道理，无论乞丐、大总统，没有一个不应该知道的，所以我说这问题是狠浅近的。但是我们虽然是一个人，虽然天天做人，实在能够明白做人的理由的，却是很少。因为我们做人，根据习惯的居多，究竟如此做人，合不合人生的真义，大概没有明确的观念。因为这种缘故，所以古今许多学问家，都要直接间接解决这人生问题，学说很多，没有定论，所以我说这个问题是很高深的。

我不得不假定一种人生观　我自己毫无学问，对于哲学、宗教，简直不懂，哪里配讲人生观的大问题呢？但是我虽然没有讲人生观的能力，我却有明白人生观的必要。因为我是一个人，我是要做人的，我不能一天不做人，我不能一天没有人生观。而且人生观和改造有很大的关系，我虽然不能有根据学理的人生观，我不能不有比根据习惯好些的人生观。因为这个缘故，所以不得不假定一种人生观，作为做人的趋向、改造的方针。但是我的假定人生观无非根据我脑中零碎的知识，把关于人生观的见解，夹杂搜集起来，作一统合的解释。所以不是创造的，不是系统的，就是不是根据学理的。我既然自认为假定，所以又是一时的，不是永久的。我因为现在不明白人生观和想解决人生观的人，实在很多，所以特把我的一时的、没有系统的、不是创造的人生观，写出来和读者诸君商量。

二

生物的特征　现在先讲"人是什么"一个问题。要讲这个问题，不可不明白生物的特征。因为人是进化的生物，所以具有和生物共通的性质，和人类特具的特质。明白这两种特征，就可以晓得人是什么。世界万物，可分做生物、无生物两大类。这两个大类的关系，还没有确定的学说。有许多科学家，以为生物是从无生物进化而来的；有许多科学家以为生物不是从无生物进化而来的。我现在对于这个问题，姑且不说，只说生物和无生物的最大分别，就是说生物的特征。

生物的特征一　生物的第一种特征是什么呢? 就是——目的。

无论哪一种生物，没有一个不要求生存或生活的。有要求就有目的，有目的就要活动。这种活动，可以叫做"目的的活动"。以活动达目的，为目的而活动。活动和目的，是互有因果关系的。无目的的活动，都是无生物的活动，像山崩、地裂、水流、火燃，都依着古今不变的定例，哪里有什么目的呢? 至于植物的呼吸、开花、结实，动物和人类的饮食、睡眠等种种活动，都是要实现"生"的要求，所以都有目的。这"生"的要求，就是生物比较最高的目的。

生物的特征二　生物的第二种特征，就是——自动

这自动二个字，是自己活动没有静止的意思，其中含有二种性质：一，是靠自己活动；二，是为自己活动。生物都具有固

有的能力。有属于生理的，有属于心理的。这种能力，都是维持生命的要素，所以生物都要尽量去发挥它。因为各种能力，都要发挥，所以发生"分化"的作用。这就是靠自己活动的性质。生物的活动，虽然要发挥它的固有能力，但是它的发挥，无非为达到自己生存的目的。生物的能力很复杂，一方面虽各自发挥，一方面仍然有相互的联络，共趋向一共同的目的。因为同趋向一目的的缘故，所以发生"统一"作用，这就是为自己活动的性质。

"分化"和"统一"是不能分离的，"为分化而统一"，"为统一而分化"。"分化"和"统一"协同一致，遂能成一"有机体"。所谓有机体者，就是联合各种能力以达到一种目的的生存体，就是保持分化作用的统一关系的生存体。生物愈进化，分化的作用愈复杂，统一的作用愈强大。

生物的特征三 生物的第三种特征，就是——适应

生物是不能离环境而生存的，所以对于环境的势力，有很密切的关系。它们遇着环境的势力，当然要发生一种活动，或者变化自己的固有习惯，去适合环境；或者依着自己的固有习惯，去变化环境，使它适合自己。都是叫作适应。对于物质的势力，可以常用变化环境的活动；对于生物和社会的势力，应该常用变化自己的活动。自己的目的，生物和社会的情状，都是变迁很多很速的。若只晓得依着一定的固有习惯，去应付它，要达到生存的目的，是很难很难的。大都生物程度的高低，和适应力的强弱，成一种正比例。高等的生物适应力愈强，低等的动物适应力愈弱。

生物的特征四　生物的第四种特征，就是——进化

生物的第一种特征，在有目的的活动，我前已说过了。我以为生物又有一种特征，就是它的目的，它的活动，是无限的。它们虽然为目的而活动，但是达到一目的以后，又有新目的发生；有新目的又有新活动，这样继续发生新目的、新活动，生物自身的内容，才能不绝的丰富扩大；生物自身的期间，才能无穷的增长永久。这几句话，若总括起来，可以说是生物在时间上、空间上的发展，就是我所谓"进化"。"进化"和"变化"不同。变化是过去状态的反复、固定规律的动作；进化是过去状态的改造、更善目的的实现。无生物只有"变化"，生物始有"进化"。

生物是什么　以上所说目的、自动、适应、进化四种特征，可以总括起来叫做"生命"。这四种特征，都可以看做生命的本质，是不能缺乏一种的。所以就生物的特征一方面说起来，可以说是——

生物是有生命的东西。又可以说是——

生物是有目的、能自动、能适应、求进化的东西。

但是生物又不能离了物质，所以也具有和无生物共通的东西，这种共通的东西，不外体、相、质、力。把体、相、质、力和生物的特征合并起来，就可以定一个"生物是什么"的答案。这个答案，就是——

生物是具有一定的体、相、质、力和生命的东西。或者可以说是——

生物是具有体、相、质、力而且有目的、能自动、能适应、

求进化的东西。

人的特征 人的特征，最大的只有一种，就是——自觉

自觉的意义，就是自己知自己，是人类所特具的。动物虽然也能活动，也有感觉，但不晓得活动的感觉的是哪一个。所以它们只知认识外界，不能认识自己。这就是人和动物最大的区别。人的自觉，约有三种。第一，是人格的自觉，就是晓得我自己的身体状态如何，精神的作用如何，身心联合的人格有如何价值。第二，地位的自觉，就是要晓得我自己和非我的关系如何，非我的现状如何，我自己对非我处如何的地位。第三，趋向的自觉，就是晓得自己活动进行的方向；我们知自己的人格和地位，就是知现在的自己，但是我们又要知过去的自己，我们又要根据过去的自己、现在的自己，理解将来的自己应该怎样，这就是趋向的自觉。以上三种自觉，都是人的特征。世界事业，都要从自己做起，所以很可靠的，唯有自己。若自己还没有晓得自己，那么，他的行动，也和醉梦一样，还有什么价值呢？所以我们人类，应该认自觉是很重要的。我们虽然不能人人自觉，但是人人有自觉的可能性。根据这可能性，努力去促进人自己的自觉，这是我们大家的责任。

除了自觉以外，其他目的、自动、适应、进化四种可能性，都和生物相同。不过人的目的，是明了的目的，不是盲目的目的；人的自动，是意志的自动，不是感觉的自动；人的适应是主动的适应，不是被动的适应；人的进化，是急激的进化，不是迟缓的进化。所以可能性虽然相同，程度的高低，却是相去很远。

这种程度的相差，不仅人和生物如是，就是人和人，也是必不能免的。但是程度相差的缘故，就在于自觉的有无，和自觉的发达不发达。能自觉自然有明了的目的，意志的自动，主动的适应，急激的进化，所以人是——自觉的生物

人是什么　我现在把人的特征和生物的特征综合起来，对于"人是什么"的问题，下一个答案如下：

人是具有体、相、质、力和生命而且能够自觉的东西。

或者可以说是：人是具有体、相、质、力和明了的目的、意志的自动、主动的适应、急激的进化而且能够自觉的东西。

中国人的反省　我国人试各自反省，对于以上所说的人的特征，果能发挥吗？现在大多数人的行动，无非根据旧习惯，他们以为从前怎样做，大家怎样做，我就怎样。……

三

"生"的欲望　现在要研究"人为什么"一个问题了。研究这个问题，要从永久的普遍的人着想，就是不要限定一时的一国的一阶级的人。我以为大多数人做人的缘故，无非为了一个"生"字。无论哪一个人，都是"喜欢生活""要生活""想好端端的生活"的。试把"人为什么"一个问题，去征求各个人答案，恐怕大多数所同意的，就是为"喜欢生活"、为"要生活"、为"想好端端的生活"三件事。这三件事，若用简括的话说起来，就是"好生""求生""善生"。因"好"生"求"，

因"求"生"善"，因"善"又生"好"，是互为因果的，但这"好""求""善"的发生，因为想从不满足而得满足，——如果已经满足，哪里还会"好"？哪里还要"求"？哪里还有"善"？——所以可以总括一句，叫做欲望。"好生""求生""善生"，无非是"生的欲望"。这种欲望，是一切欲望的根源。人群的组织，人类的活动，以及一切文明文化，没有一件不从此发生的。若"生的欲望"消灭，那生活就要消灭，恐怕人类也就要消灭了。所以"生的欲望"实在是生活的动力。若问"人为什么"，可以作一答案曰："为生的欲望"。

"生"的欲望的内容　人类的欲望，是无量数的，生的欲望不过根本的欲望。若不把其余部分的欲望，仔细观察一番，于生的欲望的内容，就不能有明确的观念。所以我现在要把无数部分的欲望当中，再捕捉几种根本的——生的欲望，又可以叫做"根本中的根本的欲望"——欲望，来做生的欲望的内容。这种欲望，据我看来，约有六种：

1.生存欲　生存欲是保存自己个体和自己种族的欲望，是属于肉体一方面的居多。其中最重要的，就是"食欲"和"色欲"。这两种欲，是人类和生物所共有的。生存欲若要详细分别起来，可以分做三端：一，是关于衣食住的种种需要；二，自己身体的强健和久存；三，满足自然的性欲。这种欲又可以叫做肉体欲。

2.自由欲　自由欲是排除束缚，自然发展自己的能力去得到各种要求的欲望，属于精神一方面的居多。在智的一方面，要思想有尽量的活动；在情的一方面，要情感有适当的表现；在意的一方面，要行为有充分的自决。总之无非要把情、智、意三种作用，各得自由发达。这自由欲又可以叫做精神欲。

3.社会欲和个人欲　个人和社会不能相离。没有个人，固然不能组成社会；但是没有社会，个人也不能生存。就物质论，个人住的、穿的、食的，和其余一切需要的东西，都要靠共同的工作，互相供给的，决不是个人可以做得来的；就精神论，思想、道德、学问，都要靠言文的交通，互相灌输的，决不是个人可以增进的。社会对于个人的关系，既然这样重要，所以个人对于社会，自然而然地发生一种欲望。这种欲望可分二种：第一，要得社会同情的欲望；第二，要得社会互助的欲望。有第一种欲望，同类的意识，才会发达；有第二种欲望，公同的组织，才能完备。但此所谓社会欲，是含世界的大社会而言。和社会欲相对的欲望，可以叫做个人欲，或阶级欲。

4.理想欲和现实欲　人类因为对于现在的状态，发生不满足的感念，于是常常悬想一胜于现在，现在不能实现的状态。这种悬想未来的欲望，可以叫做理想欲。理想欲是想象的、未来的。智识愈发达，理想欲愈发达；理想欲愈发达，进化也愈急激。但是理想和空想不同：空想是荒唐怪诞的，理想是切于事实的；空想是不能实现的，理想是含有可能性的；空想是非理的，理想是合理的。这是理想和空想的区别。和理想欲相对的欲望，叫做现实欲。

一致的欲望　以上六种欲望，都是"生"的欲望的一部分。

若只发达几部分的欲求，那是不能满足"生"的欲望的。所以要满足"生"的欲望，必求各种欲望，有一致的发展，就是要使各种欲望，互相辅助，去完满"生"的大欲望。这就可以叫做一致的欲望。各种欲望，都是互有关系，不能偏废的：精神是肉体的精神，肉体是精神的肉体；社会是个人的社会，个人是社会的个人，理想是现实的理想，现实是理想的现实。明白这种关系，才可以满足一致的欲望。

以上所说满足一致的欲望，我以为是应该的，是能够的，而且是大家情愿的。现在大多数人，都只顾满足一部分的欲望，实在因为没有"生"的自觉的缘故。对于"生"没有自觉，就不能理解"生"的内容，所以把"生"的一部分，看做"生"的全体，只顾发展一部分的欲望了。

人为什么　照以上所说的看起来，"人为什么"的答案，可以解决如下：

为"精神和肉体""社会和个人""理想和现实"相一致的欲望。就是——为"生"的欲望

以上所说的欲望，是就做人的动机一方面而言。若就做人的目的而论，究竟为什么要满足欲望呢——就是欲望的目的——无非是为得快乐。所以得快乐是人类共通的目的。快乐的种类，也可分为精神的、肉体的、社会的、个人的、理想的、现实的六种。"最大"的快乐，是各种快乐具足的快乐。这具足的快乐，和一致的欲望，不过因为观察点不同的区别，其实是二而一、一而二的。从做人的目的一方观察，"人为什么"的答案，就

是——为精神的、肉体的、社会的、个人的、理想的、现实的各种快乐具足的快乐。

精神、肉体具足的快乐，不是偏于肉体的动物快乐，也不是偏于精神的精神快乐，是内容极丰富的快乐，可以叫做圆满的快乐。

社会个人具足的快乐，并不是一个人、一阶级、一社会的快乐，是世界社会的快乐，是人类全体的快乐。人不能离社会、离人类，所以全人类和全社会不能得快乐，个人决不能得快乐的。个人社会具足的快乐，是大家公共求得，公共享受的快乐，就是普及人类的快乐，可以叫做普遍的快乐。

理想现实具足的快乐，是要把现实的快乐，看做理想的快乐的过程。一方面求现实的快乐，一方面和理想的快乐，渐渐相近。这种快乐，可以叫做永久的快乐。

从以上三端而论，"人为什么"的答案，又可照以前所说的，换一句话讲，就是为人类圆满的、普遍的、永久的快乐。

这一种快乐，真是最大的快乐，好像不是一个人可以求得的。因为一个人是缺陷的、局部的、一时的，若要去求那人类圆满的、普遍的、永久的快乐，仿佛要无穷的久，无涯的远，是很难的。但是缺陷中、局部中、一时中，都含有圆满的、普遍的、永久的可能性。全体人类，离不了个人；无数缺陷的、局部的、一时的个人，若共用全力趋向这人类圆满的、普遍的、永久的快乐，虽然不能达到，但是一定可以渐渐相近。而且我们个人时时须受时间空间的影响，人类全体若有一人不快乐，或者有一日不快乐，我个人也一定觉得有苦痛。所以要得我个人的最大快乐，必须要谋人类圆满的、普遍的、永久的快乐。以上二种意思，一则是说明这种快乐的可能，二则是说明这种快乐的必要。除此二者以外，还有一种理由，就是个人是要死灭的，是有限的，人类是无限的。我为了这种快乐，我自己个人的快乐，虽然消灭，我所供给于人类的快乐，但使人类不灭，终是永存的。所以人类圆满的、普遍的、永久的快乐，可以说是人生最后的鹄的、最高的价值。我们应该不绝的趋向这鹄的，要求这价值，才不失为一个人。

现在人类实际生活和最大的快乐　我现在要观察中国人和各国人实际生活，有没有最大的快乐，具足的快乐，是人人所愿意的。但是现在实际的生活，离这种快乐，还是很远，而且有许多是相反的。兹先论中国人。中国人可分二种：一是大盗，二是劳工。大盗是掠夺别人工作的结果，视作一己的私产，他们的私产，有用强权得来的，有用奸谋得来的，有从继承得来的。但是现有私产的人，无论得来的方法怎样，差不多离不了掠夺的性质。不过他们的掠夺，是法律所许可，不像普通所谓强盗的须受法律的制裁罢了。因为这个缘故，我所以叫他们是大盗。至于劳工，是以自己的劳力作成有益于人的事业的人。大盗的生活，生存欲非常发达。他们的精神界，被生存二个字，占据了一大部份，束缚重重，凡是智识、感情、意志，都专趋向生存一方面，哪里会自由发展呢？而且他们因为生存欲的发达，所以只顾增加个人的私产。所谓理想欲、社会欲，是不知求、不愿求的。至于劳工的生活，连生存尚且难以维持，所以肉体的快乐，还不能有相当的满足。他们因为常常忧饥忧寒，势不得不偷安苟活，所谓精神欲、社会欲、理想欲，哪里有满足的机会呢？

至于各国人实际的生活，和中国人比较起来，性质上共同的地方很多，不过程度不同罢了。他们大盗的生存欲，有的较中国人更强；他们劳工的生存欲，有的较中国人更难发展。但是他们的精神欲、社会欲、理想欲，比中国人发展得多。总之，无论中国人、外国人的实际生活，大约可分二种：一种因为生存欲发展过度，几失发展其他欲望的能力；一种因为生存欲不能发展，没有发展其他欲望的机会。都和一致的欲望相去很远的。他们既然不能趋向一致的欲望，所以他们的快乐，在时间上觉得很短，在内容上觉得很浅，在分量上觉得很少。都是最小的快乐，不是近于最大的快乐。

现在的社会，在势力上唯大盗最强，在人数上唯劳工最多。大盗的生存欲很发展，肉体的快乐，当然可以满足。但是精神上充满了"爱财如命""唯利是图"的念头，财产成为他们的主人翁，他们是财产的奴隶。他们的做人，好像专为财产做。所以一切思想言行，须受财产很严厉的约束，没有丝毫自由。这种生活，究竟还是快乐呢？还是苦痛呢？我恐怕大盗自己若一反省，一定也觉得很苦痛的。至于劳工的苦痛，那更不必说了。

照以上情形看来，现在的人类，实在是苦痛的人类；现在的社会，实在是苦痛的社会。和得快乐的目的，是相离很远的。

现在人类苦痛的原因　人类共同的目的，都是要得快乐，但在实际的生活，反得苦痛，这是什么缘故呢？我以为因为他们没有了解"要得快乐必须得最大的快乐"和"得最大的快乐必须满足一致欲望"的理由。各种欲望，都是很有关系。若只想满足一部分的欲望，不去发展其他的欲望，就是这一部分的欲望，也很难有完全的满足的。试就生存欲而论：生存欲不能满足的原因，大约有四种：一，由于没有生存的智能、道德，就是没有生存的能力，是不是由于精神欲不能发展的缘故呢？精神欲不能发展，大半由于教育机关不完备，没有受教育的机会，是不是由于社会欲不发展的缘故呢？二，由于科学不发达，不能免种种自然的灾害，就是不能去生存的阻力，是不是由于精神欲不发展的缘故呢？三，由于强权的压迫，财奴的侵掠，就是没有生存的机会，是不是因为社会欲没有发展的缘故呢？四，由于一时的纵欲，就是生存欲的过渡，是不是因为没有理想欲的缘故呢？照以上情形看来，要满足生存的欲望，必须满足其他的欲望，否则是不能的。至其他欲望的相互关系，可以依此类推。但我所谓满足欲望，都指各个人而言，并不是专指一个人。我于是断定现在人类社会苦痛的原因如下：

做人为缺陷的、特殊的、一时的快乐。就是：——做人为肉体的、个人的或阶级的、现实的快乐。

我们试一观察现在的世界，军国主义、资本主义、家族主义、男权主义，差不多是一切苦痛的根本。但是哪一个不从以上所说的原因而来呢？我们要免人类社会的苦痛，要先改造"人为什么"的旧观念。

四

做人方法的改造　"人为什么？"是做人的目的；"怎样做人？"是做人的方法。我们现在做人的方法，都根据旧目的成的。我以上所说的人的目的，既然和旧目的不同，那做人的方法，当然要有更改。所以我们做人，当先从改造入手。改造的手续：一方面要改造新自我；一方面要改造新社会。

新自我的要素　新自我的要素有四种：

1.工作　我所谓工作，是指用自己的体力，作成有益人类的一种事业。我们物质上需要的材料，除适用机械以外，大都须直接用劳力做成功的。从前的生活，因为要满足物质的需要，只晓得从"私有"方面用力。只要把需要的材料，能够储蓄起来，就不患缺乏了。不过"私有"的东西，哪一个不是从工作而来的？假使人人只顾"私有"，不愿工作。试问这"私有"的东西，从哪里发生呢？况且工作系利用自然物，是无限制的，是彼此相辅相成的。"私有"是有限的，是彼此相争相害的。旧生活的根据，就在"私有"上面。我们的新生活，应该从"私有"解放出来，去向工作一方面进行。要晓得工作和智识、道德种种人生关系，要晓得工作神圣的价值。我们要为工作而工作，要为互助生活而工作，不要为"私有"而工作。旧自我可说是"私有"的自我，新自我可说是工作的自我。

2.创造　创造是为破坏旧生活，实现新要求而发生的精神活动。能创造，精神才能自由发展。我国人的精神生活，是因袭的生活。所以一切活动，都是守旧的、奴性的、专制的、简单的、停滞的，束缚重重，简直说不到自由两个字。此后的新生活，应该力除因袭的积习，从创造一方面进行。创造的要素有二：一，打破习惯、道德、法律、思想、制度的重重锢蔽；二，须有怀疑、观察、思辨、实验的种种研究，自然的趣向和抵抗诱惑，反对努力。旧自我可说是因袭的自我，新自我可说是创造的自我。

3.博爱　以前的人类，实际上虽然依赖许多人共同生活，才能生存，但他们自己没有晓得这个道理。所以他们对人，简直不晓得"爱"字，有许多人对于妻子好像很有爱情。据我看来，他们爱他的妻子，因为妻子和他们有利益的缘故，和爱物一样，哪里可以称真正的爱呢？真正的爱，必定是尊重人格的，是一律平等的。尊重人格，一律平等的爱，才可以称为博爱。能博爱自然有和悦的态度，诚恳的言语，协同的行动，团结的训练，真实的交际，就得互助的效果。旧自我可说是争竞的自我，新自我可说是博爱的自我。

4.牺牲　牺牲是情愿失一种欲望去求得他种欲望的一种行为。所求的欲望愈大，所失的欲望愈多。世间一切事业，要把理想变为现实，都非牺牲不可。理想愈高，要实现愈难，牺牲愈大。但是牺牲的行为，足以引起人类对于理想的注意和研究，足以坚固人类对于理想的信仰，足以激动人类对于理想的同情，足以辅助人类对于理想的猛进。所以牺牲是实现理想的最紧要的东西。不实现理想，不能有进步；不牺牲，不能实现理想。从前的生活，都是苟安旦夕的生活，丝毫不肯牺牲的，所以旧自我可说是苟活的自我，新自我可说是牺牲的自我。

以上四种要素，都是可以看做满足欲望的方法。以工作满足生存欲，以创造满足自由欲，以博爱满足社会欲，以牺牲满足理想欲。那各种欲望，都可以有充分的发展。但这几句话，是就各种要素中的大概而论，其实各种要素，各种欲望，都是互有关系。因为欲望既然是一致的欲望，不能分离，那达到欲望的手段，当然须互相联络的。

新社会的要素　新社会的要素有四种，就是：

1.自由的　新社会的组织，一定要凭各个人良心，自由集合起来，用大家的能力，谋大家的快乐；个人的地位，一律平等，不但无贵族阶级、资本阶级，就是智识阶级，也不应该存在的。所有种种政治、法律、宗教、习惯、强权的束缚，要解放得干干净净。旧社会可叫做强权的社会，新社会可叫做自由的社会。

2.公产的　新社会的经济组织，要大家各尽所能，大家各取所需。劳动的结果，由劳动者公共享用。至是私有财产制度，当完全打破。旧社会可说是私产的社会，新社会可说是公产的社会。

3.共同的　新社会的组织，只有个人和社会。个人和社会的中间，像家族、国家，都是要破除的。这种社会，凡是教养的、交通的、卫生的、娱乐的、衣食的各种机关，都是由个人共同经营，为共同的利益的。所以对于以前各个人各自为谋，只图片面的利益的社会比较起来，旧社会是寄生的社会，新社会是共同的社会。

4.科学的　我所谓科学，是指科学的应用而言。科学应用的利益，就在利用自然物的质力，去替代人类的劳力，减少自然的障碍，增进身心的娱乐。近几十年来，西洋人民因科学发达而受很大的苦痛。但这种苦痛的发生，并不在于科学本身的不好，在于误用科学。科学的本身，和人生是很大的利益的。所以新社会的科学应用，必定须很发达。这种社会，和我国现在迷信神权，完全受自然支配的社会比较起来，旧社会是神秘的社会，新社会是科学的社会。

怎样做人　我于是根据新自我新社会的要素，下一"怎样做人"的答案如下：——

做人要改造工作的、创造的、博爱的、牺牲的、新自我和自由的、公产的、共同的、科学的新社会。

就理论上讲，有新自我，才可造新社会，所以我们应该先改造我们自己，成一新社会的新分子。但是就实际而言，没有新社会，新自我又很难完全改造，所以二者当同时并进。有新自我，有新社会，才能产生新生活。所以对于"怎样做人"一个问题，又下一简单的答案如下：

做人要改造新生活。

改造的手续　改造的手续有二种：

1.思想的改造　一切事实的改造，都要从思想发生的。我们要改造自我，改造社会，不可不先打破关于旧自我、旧社会的思想，造成新自我、新社会的思想。这种改造的思想，要具明、确、深、切四种条件。明是洞烛全体，不是一知半解的；确是毫无疑义，不是游移不定的；深是彻底了解，不是浮光掠影的；切是看做必要，不是依违两可的。有明、确、深、切的"改造的思想"，才能实行改造的事实。否则所谓"改造的思想"，无非当做一口头禅的材料，和改造是没有关系的。至于思想改造的方法，约有二种：——

（1）研究　对于旧思想，当取批评的破坏的态度；对于新思想，当取决择的建设的态度。我以前所说新自我、新社会的要素，不过表示新生活的趋向，但是很粗疏很广泛的。我们对于新社会、新自我，究竟应该怎样改造？改造的理由怎样？改造的利害怎样？改造的方法怎样？改造的具体计画怎样？我们自己，都不可不有明、确、深、切的观念，所以不可不详细研究。研究的方法，凡是阅书、观察、思索、讨论、调查、实验，都可以应用的。这种研究的方法，可以看做个人思想的改造。

（2）宣传　宣传是把我们自己研究所得的结果，传播社会，是改造社会的思想的一种方法。宣传方法，可分教育撰译、杂志、新闻、演讲四种。

2.实际的改造　实际的改造，要有奋斗、猛进、坚忍三种要素。至于改造的方法，可分个人、社会两方面而言：

（1）个人　个人的改造，要从下列四事着手：

1）要实行工作的生活。消极的不做官吏、军警、资本家等大盗，积极的做农或做工。

2）要实行创造的生活。消极的打破尊孔崇古……等种种约束，积极的养成科学头脑，…………

3）要实行博爱的生活。消极的要破除家庭、国家、阶级和其他种种蔑视人格不平等的习惯制度；积极的组织新社会，实行互助。

4）要实行牺牲的生活。消极的不顾一身一家的名利种种欲望；积极的主张公理，扑灭强权。

（2）社会　社会的改造可分二种：

1）组织小社会。集合同志，组织理想的小社会，实行新生活。

2）破坏大社会。先用群众的公开的精神的运动，抵抗强权，破坏私产，然后联合无数小社会，组织大社会。

改造的必要　我以上所说的改造方法，无论老的、小的、女的、男的，凡是一个人，都是应该实行，没有什么国界、职业、两性、年龄的区别的。所以我们如果要做一个人，我们不可不依着改造的方法，努力去做。无论在什么时候，在什么地方，遇着什么事情，都应该有改造的精神和改造的事实。

五

结论　"人.是什么""人为什么""怎样做人"三个问题，我都已说过了。我现在再把以前所说过最紧要的意思，用简括的话结束起来，写在下边：——

改造人生，必先改造人生观。

做人应该促进自觉，改造新生活，以谋人类圆满的普通的永久的快乐。

做人应该人人求学，作工，担任教育，扑灭强权，改造社会。

最近二三十年中中国新发见之学问

王国维

　　古来新学问起，大都由于新发见。有孔子壁中书出。（出山东曲阜县）而后有汉以来古文家之学。有赵宋古器出，而后有宋以来古器物、古文字之学。惟晋时汲冢竹简出土后，即继以永嘉之乱，故其结果不甚著。然同时杜元凯注《左传》，稍后郭璞注《山海经》，已用其说。而《纪年》所记禹、益、伊尹事，至今成为历史上之问题。然则中国纸上之学问赖于地下之学问者，固不自今日始矣。

　　自汉以来，中国学问上之最大发见有三：一为孔子壁中书；二为汲冢书；三则今之殷虚甲骨文字、敦煌塞上及西域各处之汉晋木简、敦煌千佛洞之六朝及唐人写本书卷、内阁大库之元明以来书籍档册。此四者之一，已足当孔壁、汲冢所出。而各地零星发见之金石书籍，于学术有大关系者，尚不与焉。故今日之时代，可谓之发见时代，自来未有能比者也。

　　今将此二三十年发见之材料，并学者研究之结果，分五项说之。

　　（一）殷虚甲骨文字

此殷代卜时命龟之辞,刊于龟甲及牛骨上。光绪戊戌、己亥间(西历纪元一八八八至一八八九年),始出于河南彰德府西北五里之小屯,其地在洹水之南水,三面环之,《史记·项羽本纪》所谓"洹水南,殷虚上"者也。初出土后,(时土人认为龙骨以治疮,后乃入古董客之手。)潍县估人得其数片,以售之福山王文敏(懿荣)(闻每字售银四两云),文敏命秘其事,一时所出,先后皆归之。庚子(光绪二十六年),文敏殉难,其所藏皆归丹徒刘铁云(鹗)。铁云复命估人搜之河南,所藏至三四千片。光绪壬寅(二十八年),刘氏选千余片,影印传世,所谓《铁云藏龟》是也。丙午(三十二年),上虞罗叔言参事始官京师,复令估人大搜之,于是丙午以后所出,多归罗氏。自丙午至辛亥(宣统三年),所得约二三万片。而彰德长老会牧师明义士(J.M.Menzies,加拿大人)所得亦五六千片。其余散在各家者,尚近万片。(总计已出土者约有四万至五万片)近十年中乃不复出。(且有伪造者)其著录此类文字之书,则《铁云藏龟》外,有罗氏之《殷虚书契前编》(民国元年十二月)、《殷虚书契后编》(民国五年三月)、《殷虚书契菁华》(民国三年十月)、《铁云藏龟之余》(民国四年正月),日本林泰辅博士之《龟甲兽骨文字》(民国三年十二月),明义士之《殷虚卜辞》(The Oracle Records of the Waste of Yin,千九百十七年上海别发洋行出版),哈同氏之《戬寿堂所藏殷虚文字》(民国六年五月),凡八种。而研究其文字者,则瑞安孙仲容比部(诒让)始于光绪甲辰(三十年)撰《契文举例》(原稿曾寄刘铁云。越十三年丁巳,余得其手稿于上海，上虞罗氏刊入《吉石庵丛书》第三集。）罗氏于宣统庚戌（二年）撰《殷商贞卜文字考》，嗣撰《殷虚书契考释》（民国三年十二月）、《殷虚书契待问编》（民国五年五月）等，商承祚氏之《殷虚文字类编》（民国十二年七月）复取材于罗氏改定之稿。（以《说文》次序排列之，较可据，惟嫌摹画未真。）而《戬寿堂所藏殷虚文字》，余亦有考释（民国六年五月）。此外孙氏之《名原》亦颇审释骨甲文字，然与其《契文举例》，皆仅据《铁云藏龟》为之，故其说不无武断。审释文字，自以罗氏为第一，其考定小屯之为故殷虚，及审释殷帝王名号，皆由罗氏发之。余复据此种材料。作《殷卜辞中所见先公先王考》，以证《世本》《史记》之为实录。（且可辨其舛误。）作《殷周制度论》，以比较二代之文化。然此学中所可研究发明之处尚多，不能不有待于后此之努力也。

（二）敦煌塞上及西域各地之简牍

汉人木简，宋徽宗时，已于陕右发见之（仅有二简）。靖康之祸，为金人索之而去。（按《文选·任昉荐士表》李善《注》："张隲文士传曰：'人有于嵩山下得简一枚，两行科斗书，人莫能识。司空张华以问束哲。哲曰：此明帝显节陵中策文'。"）当光绪中叶（千九百年至千九百〇一年），英印度政府所派遣之匈牙利人斯坦因博士（M.Aurel Stein）访古于我和阗（Khotan），于尼雅河下流废址，得魏晋间人所书木简数十枚。嗣于光绪季年（千九百〇六年至千九百〇八年），先后于罗布淖尔东北故城，得晋初人书木简百余枚，于敦煌汉长城故址，得两汉人所书木简数百枚。（原物均归英国博物馆收藏。）皆经法人沙畹教授（Ed.Chavannes）考释。其第一次所得，印于斯氏"和阗故迹"（Sand-buried Ruins of Khotan）中。第二次所得，别为专书，于癸丑、甲寅（民国二、三年）间出版，此项木简中有古书（《苍颉篇》《急就篇》等）、历日方书，而其大半皆屯戍簿录（又有公文案卷、信札等），于史地二学关系极大。癸丑冬日（民国二年），沙畹教授寄其校订未印成之本于罗叔言参事，罗氏与余重加考订，并斯氏在和阗所得者，景印行世，所谓《流沙坠简》（民国三年四月出版）是也。（此外俄人希亭（Hedin）亦有所得。又日人大谷光瑞所得，有《西域图谱》一书，然其中木简只吐鲁番之二三枚耳。）

（三）敦煌千佛洞之六朝唐人所书卷轴

汉晋牍简，斯氏均由人工发掘得之，然同时又有无尽之宝藏，于无意中出世，而为斯氏及法国之伯希和教授携去大半者则千佛洞之六朝及唐、五代、宋初人所书之卷子本是也。千佛洞本为佛寺，今为道士所居。（千佛洞在鸣沙山，唐有三界寺，至元代犹为佛寺，后为道庙。）当光绪中叶（约在甲午前后即一八九四年），道观壁坏，始发见古代藏书之窟室。其中书籍居大半，而画幅及佛家所用幡幢等，亦杂其中。余见浭阳端氏所藏敦煌出开宝八年灵修寺尼画观音像，乃光绪己亥（二十五年）所得。又乌程蒋氏所藏沙州曹氏二画像，乃光绪甲辰（三十年）以前叶鞠裳学使（昌炽）视学甘肃时所收，然中州人皆不知。（又有视为废纸者。）至光绪丁未（三十三年），斯坦因氏与伯希和氏（Paul Pelliot）先后至敦煌，各得六朝人及唐人所写卷子本书数千卷。（斯坦因氏所得约三四千卷，伯希和所得约六千卷，携之过京。）及古梵文、古波斯文，及突厥、回鹘诸国文字无算，我国人始稍稍知之。乃取其余，约万卷，置诸学部所立之京师图书馆。前后复经盗窃，散归私家者，亦当不下数千卷。（市中有流传出售者。其时陕甘店中可购得。）其中佛典居百分之九五，（可补藏经之缺及校勘误字。）其四部书，为我国宋以后所久佚者。经部有未改字《古文尚书孔氏传》、未改字《尚书释文》、糜信《春秋谷梁传解释》、《论语郑氏注》、陆法言《切韵》等。史部则有孔衍《春秋后语》、《唐西州沙州诸图经》、《慧超往五天竺国传》等。（以上并在法国。）子部则有《老子化胡经》（英法俱有之。）《摩尼教经》（京师图书馆藏一卷，法国一卷，英国亦有一残卷，书于佛经之背。）景教经（德化李氏藏《志玄安乐经宣元至本经》各一卷，日本富刚氏藏《一神论》一卷，法国图书馆藏《景教三威蒙度赞》一卷。）集部有唐人词曲及通俗诗小说各若干种。己酉冬日（宣统元年），上虞罗氏就伯氏所寄影本，写为《敦煌石室遗书》，排印行世。越一年，复印其景本为《石室秘宝》十五种。又五年癸丑（民国二年），复刊行《鸣沙石室逸书》十八种。又五年戊午（民国七年），刊行《鸣沙石室古籍丛残》三十种。皆巴黎国民图书馆之物。而英伦所藏，则武进董授经康，日本狩野博士（直喜）、羽田博士（亨）、内藤博士（虎次郎），虽各抄录景照若干种，然未有出版之日也。（总计已出土者，共约三万卷。）

（四）内阁大库之书籍档案

内阁大库，在旧内阁衙门之东。临东华门内通路，素为典籍厅所掌，其所藏书籍居十之三，档案居十之七。其书籍多明文渊阁之遗，其档案则有历朝政府所奉之朱谕、臣工缴进之敕谕批摺黄本题本奏本、外藩属国之表章、历科殿试之大卷。宣统元年，大库屋坏，有事缮完，乃暂移于文华殿之两庑。然露积库垣内尚半，时南皮张文襄（之洞）管学部事，乃奏请以阁中所藏四朝书籍，设京师图书馆。其档案则置诸国子监之南学，试卷等置诸学部大堂之后楼。壬子以后，学部及南学之藏，复移于午门楼上之历史博物馆。（堆置于端门之门洞中。）越十年，馆中复以档案四之三，售诸故纸商。其数凡九千麻袋。（得价四千元。）将以造还魂纸，为罗叔言所闻，三倍其价，购之商人，移贮于彰义门之善果寺。而历史博物馆之剩余，亦为北京大学取去，渐行整理，其目在大学日刊中。罗氏所得，以分量太多，仅整理其十分之一，取其要者，汇刊为《史料丛刊》十册，其余今归德化李氏（李盛铎氏）。

（五）中国境内之古外族遗文

中国境内，古今所居外族甚多，古代匈奴、鲜卑、突厥、回纥、契丹、西夏诸国，均立国于中国北陲，其遗物颇有存者，然世罕知之。惟元时耶律铸见《突厥阙特勤碑》及《辽太祖碑》。当光绪己丑（十五年，西历一八八九年），俄人拉特禄夫访古于蒙古，于元和林故城北，访得《突厥阙特勤碑》《苾伽可汗碑》《回鹘九姓可汗碑》。《突厥》二碑皆有中国、突厥二种文字，

《回鹘碑》并有粟特文字。及光绪之季，英、法、德、俄四国探检队入新疆，所得外族文字写本尤夥。其中除梵文、佉卢文、回鹘文外，更有三种不可识之文字，旋发见其一种为粟特语，而他二种，则西人假名之曰第一言语、第二言语，后亦渐知为吐火罗语及东伊兰语，（发明粟特语者，为法人哥地奥Robert Gauthiot；吐火罗语者，为西额Sieg及西额林Sieging二氏；东伊兰语，则伯希和之所创通也。又释《阙特勤碑》之突厥语，为丹麦人汤姆生Thomsen。）此正与玄奘《西域记》所记三种语言相合。粟特语即玄奘之所谓窣利，吐火罗即玄奘之睹货逻，其东伊兰语，则其所谓葱岭以东诸国语也。当时粟特、吐火罗人，多出入于我新疆，故之英今日犹有其遗物，惜我国人尚未有研究此种古代语者。而欲研究之，势不可不求之法、德诸国。惟宣统庚戌（二年），俄人柯智禄夫大佐于甘州古塔，得西夏文字书，而元时所刻河西文大藏经，后亦出于京师，上虞罗福苌乃始通西夏文之读，今苏俄使馆参赞伊凤阁博士（Ivanoff）更为西夏语音之研究，其结果尚未发表也。

　　此外近三十年中，中国古金石、古器物之发见，殆无岁无之。其干学术上之关系，亦未必让于上五项。然以零星分散，木能一一缕举，惟此五者，分量最多，又为近三十年中特有之发见，故比而述之。然此等发见物，合世界学者之全力研究之，其所阐发，尚未及其半。况后此之发见，亦正自无穷，此不能不有待少年之努力也。

建设的文学革命论

胡 适

国语的文学——文学的国语

一

我的《文学改良刍议》发表以来，已有一年多了。这十几个月之中，这个问题居然引起了许多很有价值的讨论，居然受了许多很可使人乐观的响应。我想我们提倡文学革命的人，固然不能不从破坏一方面下手。但是我们仔细看来，现在的旧派文学实在不值得一驳。什么桐城派的古文哪，文选派的文学哪，江西派的诗哪，梦窗派的词哪，聊斋志异派的小说哪，——都没有破坏的价值。它们所以还能存在国中，正因为现在还没有一种真有价值，真有生气，真可算作文学的新文学起来代它们的位置。有了这种"真文学"和"活文学"，那些"假文学"和"死文学"，自然会消灭了。所以我望我们提倡文学革命的人，对于那些腐败文学，个个都该存一个"彼可取而代也"的心理，个个都该从建设一方面用力，要在三五十年内替中国创造出一派新中国的活文学。

我现在做这篇文章的宗旨,在于贡献我对于建设新文学的意见。我且先把我从前所主张破坏的八事引来做参考的资料:

一、不做"言之无物"的文字。

二、不做"无病呻吟"的文字。

三、不用典。

四、不用套语烂调。

五、不重对偶:——文须废骈,诗须废律。

六、不做不合文法的文字。

七、不摹仿古人。

八、不避俗话俗字。

这是我的"八不主义",是单从消极的、破坏的一方面着想的。

自从去年归国以后,我在各处演说文学革命,便把这"八不主义"都改作了肯定的口气,又总括作四条,如下:

一、要有话说,方才说话。这是"不做言之无物的文字"一条的变相。

二、有什么话,说什么话;话怎么说,就怎么说。这是(二)(三)(四)(五)(六)诸条的变相。

三、要说我自己的话,别说别人的话。这是"不摹仿古人"一条的变相。

四、是什么时代的人,说什么时代的话。这是"不避俗话俗字"的变相。这是一半消极，一半积极的主张。一笔表过，且说正文。

二

我的《建设新文学论》的唯一宗旨只有十个大字："国语的文学，文学的国语。"我们所提倡的文学革命，只是要替中国创造一种国语的文学。有了国语的文学，方才可有文学的国语。有了文学的国语，我们的国语才可算得真正国语。国语没有文学，便没有生命，便没有价值，便不能成立，便不能发达。这是我这一篇文字的大旨。

我曾仔细研究：中国这二千年何以没有真有价值真有生命的"文言的文学"？我自己回答道："这都因为这二千年的文人所做的文学都是死的，都是用已经死了的语言文字做的。死文字决不能产出活文学。所以中国这二千年只有些死文学，只有些没有价值的死文学。"

我们为什么爱读《木兰辞》和《孔雀东南飞》呢？因为这两首诗是用白话做的。为什么爱读陶渊明的诗和李后主的词呢？因为他们的诗词是用白话做的。为什么爱杜甫的《石壕吏》、《兵车行》诸诗呢？因为他们都是用白话做的。为什么不爱韩愈的《南山》呢？因为他用的是死字死话。……简单说来，自从《三百篇》到如今，中国的文学凡是有一些价值有一些儿生命的，都是白话的，或是近于白话的。其余的都是没有生气的古董，都是博物院中的陈列品！

再看近世的文学：何以《水浒传》《西游记》《儒林外史》《红楼梦》可以称为"活文学"呢？因为它们都是用一种活文字作的。若是施耐庵、吴承恩、吴敬梓、曹雪芹，都用了文言做书，他们的小说一定不会有这样生命，一定不会有这样价值。

读者不要误会，我并不曾说凡是用白话做的书都是有价值、有生命的。我说的是：用死了的文言决不能做出有生命有价值的文学来。这一千多年的文学，凡是有真正文学价值的，没有一种不带有白话的性质，没有一种不靠这个"白话性质"的帮助。换言之：白话能产出有价值的文学，也能产出没有价值的文学；可以产出《儒林外史》，也可以产出《肉蒲团》。但是那已死的文言只能产出没有价值没有生命的文学，决不能产出有价值有生命的文学；只能做几篇《拟韩退之原道》或《拟陆士衡拟古》，决不能做出一部《儒林外史》。若有人不信这话，可先读明朝古文大家宋濂的《王冕传》，再读《儒林外史》第一回的《王冕传》，便可知道死文学和活文学的分别了。

为什么死文字不能产生活文学呢？这都由于文学的性质。一切语言文字的作用在于达意表情；达意达得妙，表情表得好，便是文学。那些用死文言的人，有了意思，却须把这意思翻成几千年前的典故；有了感情，却须把这感情译为几千年前的文言。明明是客子思家，他们须说"王粲登楼"、"仲宣作赋"；明明是送别，他们却须说"《阳关》三叠"、"一曲《渭城》"；明明是贺陈宝琛七十岁的生日，他们却须说是贺伊尹、周公、傅说。更可笑的：明明是乡下老太婆说话，他们却要叫她打起唐宋八家的古文腔儿；明明是极下流的妓女说话，他们却要她打起胡天游、洪亮吉的骈文调子！……请问这样做文章如何能达意表情呢？既不能达意，既不能表情，哪里还有文学呢？即如那《儒林外史》里的王冕，是一个有感情、有血气、能生动、能谈笑的活人。这都因为做书的人能用活言语活文字来描写他的生活神情。那宋濂集子里的王冕，便成了一个没有生气，不能动人的死人。为什么呢？因为宋濂用了二千年前的死文字来写二千年后的活人；所以不能不把这个活人变作二千年前的木偶，才可合那古文家法。古文家法是合了，那王冕也真"作古"了！

因此我说，"死文言决不能产出活文学"。中国若想有活文学，必须用白话，必须用国语，必须做国语的文学。

三

上节所说，是从文学一方面着想，若要活文学，必须用国语。如今且说从国语一方面着想，国语的文学有何等重要。

有些人说："若要用国语做文学，总须先有国语。如今没有标准的国语，如何能有国语的文学呢？"我说这话似乎有理，其实不然。国语不是单靠几位言语学的专门家就能造得成的；也不是单靠几本国语教科书和几部国语字典就能造成的。若要造国语，先须造国语的文学。有了国语的文学，自然有国语。这话初听了似乎不通。但是列位仔细想想便可明白了。天下的人谁肯从国语教科书和国语字典里面学习国语？所以国语教科书和国语字典，虽是很要紧，决不是造国语的利器。真正有功效有势力的国语教科书，便是国语的文学；便是国语的小说，诗文戏本。国语的小说，诗文戏本通行之日，便是中国国语成立之时。试问我们今日居然能拿起笔来做几篇白话文章，居然能写得出好几百个白话的字，可是从什么白话教科书上学来的吗？可不是从《水浒传》《西游记》《红楼梦》《儒林外史》……等书学来的吗？这些白话文学的势力，比什么字典教科书都还大几百倍。《字典》说"这"字该读"鱼彦反"，我们偏读它做"者个"的者字。《字典》说"么"字是"细小"，我们偏把它用作"什么"、"那么"的么字。字典说"没"字是"沉也"，"尽也"，我们偏用它做"无有"的"无"字解。《字典》说"的"字有许多意义，我们偏把它用来代文言的"之"字、"者"字、"所"字和"徐徐尔，纵纵尔"的"尔"字。……总而言之，我们今日所用的"标准白话"，都是这几部白话的文学定下来的。我们今日要想重新规定一种"标准国语"，还须先造无数国语的《水浒传》《西游记》《儒林外史》《红楼梦》。

所以我以为我们提倡新文学的人，尽可不必问今日中国有无标准国语。我们尽可努力去做白话的文学。我们可尽量采用《水浒》《西游记》《儒林外史》《红楼梦》的白话。有不合今日的用的，便不用它；有不够用的，便用今日的白话来补助；有不得不用文言的，便用文言来补助。这样做去，决不愁语言文字不够用，也决不用愁没有标准白话。中国将来的新文学用的白话，就是将来中国的标准国语。造中国将来白话文学的人，就是制定标准国语的人。

我这种议论并不是"向壁虚造"的。我这几年来研究欧洲各国国语的历史，没有一种国语不是这样造成的。没有一种国语是教育部的老爷们造成的。没有一种是言语学专门家造成的。没有一种不是文学家造成的。我且举几条例为证：

一、意大利。五百年前，欧洲各国但有方言，没有"国语"。欧洲最早的国语是意大利文。那时欧洲各国的人多用拉丁文著书通信。到了十四世纪初年意大利的大文学家但丁（Dante）极力主张用意大利话来代拉丁文。他说拉丁文是已死了的文字，不如他本国俗话的优美。所以他自己的杰作《喜剧》，全用脱斯堪尼（意大利北部的一邦）的俗话。这部《喜剧》，风行一世，人都称它做"神圣喜剧"。那"神圣喜剧"的白话后来都成了意大利的标准国语。后来的文学家包卡嘉（Boccacio）和洛伦查（Lorenzo de Medici）诸人也都用白话做文学。所以不到一百年，意大利的国语便完全成立了。

二、英国。英伦虽只是一个小岛国，却有无数方言。现在通行全世界的"英文"在五百年前还只是伦敦附近一带的方言，叫做"中部土话"。当十四世纪时，各处的方言都有些人用来做书。后来到了十四世纪的末年，出了两位大文学家，一个是赵叟（Chaucer），一个是威克列夫（Wycliff）。赵叟做了许多诗歌，散文，都用这"中部土话"。威克列夫把耶教的《旧约》《新约》也都译成"中部土话"。有了这两个人的文学，便把这"中部土话"变成英国的标准国语。后来到了十五世纪,印刷术输进英国,所印的书多用这"中部土语",国语的标准更确定了。到十六十七两世纪,莎士比亚和"伊里莎白时代"的无数文学大家,都用国语创造文学。从此以后,这一部分的"中部土话",不但成了英国的标准国语,几乎竟成了全地球的世界语了!

此外,法国、德国及其他各国的国语,大都是这样发生的,大都是靠着文学的力量才能变成标准的国语的。我也不去一一地细说了。

意大利国语成立的历史,最可供我们中国人的研究。为什么呢?因为欧洲西部北部的新国,如英吉利、法兰西、德意志,他们的方言和拉丁文相差太远了,所以他们渐渐地用国语著作文学,还不算稀奇。只有意大利是当年罗马帝国的京畿近地,在拉丁文的故乡,各处的方言义和拉丁文最近。在意大利提倡用白话代拉丁文,真正和在中国提倡用白话代汉文,有同样的艰难。所以英、法、德各国语,一经文学发达以后,便不知不觉地成为国语了。在意大利却不然。当时反对的人很多,所以那时的新文学家,一方面努力创造国语的文学,一方面还要做文章鼓吹何以当废古文,何以不可不用白话。有了这种有意的主张〔最有力的是但丁和阿儿白狄(Alberti)两个人〕,又有了那些有价值的文学,才可造出意大利的"文学的国语"。

我常问我自己道:"自从施耐庵以来,很有了些极风行的白话文学,何以中国至今还不曾有一种标准的国语呢?"我想来想去,只有一个答案。这一千年来,中国固然有了一些有价值的

白话文学，但是没有一个人出来明目张胆地主张用白话为中国的
"文学的国语"。有时陆放翁高兴了，便做一首白话诗；有时柳
耆卿高兴了，便做一首白话词；有时朱晦庵高兴了，便写几封白
话信，做几条白话札记；有时施耐庵、吴敬梓高兴了，便做一两
部白话的小说。这都是不知不觉的自然出产品，并非是有意的
主张。因为没有"有意的主张"，所以做白话的只管做白话，做
古文的只管做古文，做八股的只管做八股。因为没有"有意的主
张"，所以白话文学从不曾和那些"死文学"争那"文学正宗"的
位置。白话文学不成为文学正宗，故白话不曾成为标准国语。

我们今日提倡国语的文学，是有意的主张。要使国语成为
"文学的国语"。有了文学的国语，方有标准的国语。

四

上文所说："国语的文学，文学的国语"，乃是我们的根本
主张。如今且说要实行做到这个根本主张，应该怎样进行。

我以为创造新文学的进行次序，约有三步：（一）工具；
（二）方法；（三）创造。前两步是预备，第三步才是实行创造新
文学。

（一）工具。古人说得好："工欲善其事，必先利其器"，写
字的要笔好，杀猪的要刀快。我们要创造新文学，也须先预备下
创造新文学的"工具"。我们的工具就是白话。我们有志造国语
文学的人，应该赶紧筹备这个万不可少的工具。预备的方法，约

有两种：

（甲）多读模范的白话文学。例如《水浒传》《西游记》《儒林外史》《红楼梦》；宋儒语录，白话信札；元人戏曲，明清传奇的说白。唐宋的白话诗词，也该选读。

（乙）用白话作各种文学。我们有志造新文学的人，都该发誓不用文言作文：无论通信，作诗，译书，做笔记，作报馆文章，编学堂讲义，替死人作墓志，替活人上条陈，……都该用白话来作。我们从小到如今，都是用文言作文，养成了一种文言的习惯，所以虽是活人，只会作死人的文字。若不下一些狠劲，若不用点苦工夫，决不能使用白话圆转如意。若单在《新青年》里面作白话文字，此外还依旧作文言的文字，那真是"一日暴之，十日寒之"的政策，决不能磨炼成白话的文学家。

不但我们提倡白话文学的人应该如此做去。就是那些反对白话文学的人，我也奉劝他们用白话来作文字。为什么呢？因为他们若不能作白话文字，便不配反对白话文学。譬如那些不认得中国字的中国人，若主张废汉文，是一定骂他们不配开口。若是我的朋友钱玄同要主张废汉文，我决不敢说他不配开口了。那些不会作白话文字的人来反对白话文学，便和那些不懂汉义的人要废汉文，是一样的荒谬。所以我劝他们多作些白话文字，多作些白话诗歌，试试白话是否有文学的价值。如果试了几年，还觉得白话不如文言，那时再来攻击我们，也还不迟。

还有一层，有些人说："作白话很不容易，不如作文言的省力。"这是因为中毒太深之过。受病深了，更宜赶紧医治，否则真不可救了。其实作白话并不难。我有一个侄儿，今年才十五岁，一向在徽州不曾出过门。今年他用白话写信来，居然写得极好。我们徽州话和官话差得很远，我的侄儿不过看了一些白话小说，便会作白话文字了。这可见作白话并不是难事，不过人性懒惰的居多数，舍不得抛"高文典册"的死文字罢了。

（二）方法。我以为中国近来文学所以这样腐败，大半虽由于没有适用的"工具"，但是单有"工具"，没有方法，也还不能造新文学。做木匠的人，单有锯凿钻刨，没有规矩师法，决不能造成木器。文学也是如此。若单靠白话便可造新文学，难道把郑孝胥、陈三立的诗翻成了白话，就可算得新文学了吗？难道那些用白话作的《新华春梦记》《九尾龟》，也可算作新文学吗？我以为现在国内新起的一班"文人"，受病最深的所在，只在没有高明的文学方法。我且举小说一门为例。现在的小说（单指中国人自己著的），看来看去，只有两派。一派最下流的，是那些学《聊斋志异》的札记小说。篇篇都是"某生，某处人，生有异禀，下笔千言，……一日于某地遇一女郎，……好事多磨，……遂为情死。"或是"某地某生，游某地，眷某妓，情好綦笃，遂订白头之约，……而大妇妒甚，不能相容，女抑郁以死，……生抚尸一恸几绝。"……此类文字，只可抹桌子，固不值一驳。还有那第二派是那些学《儒林外史》或是学《官场现形记》的白话小说。上等的如《广陵潮》，下等的如《九尾龟》。这一派小说，只学了《儒林外史》的坏处，却不曾学得它的好处。《儒林外史》的坏处在于体裁结构太不紧严，全篇是杂凑起来的。例如娄府一群人自成一段，杜府两公子自成一段，马二先生又成一段，虞博士又成一段，萧云仙、郭孝子又各自成一段。分出来，可成无数札记小说；接下去，可长至无穷无极。《官场现形记》便是这样。如今的章回小说，大都犯这个没有结构、没有布局的懒病。却不知道《儒林外史》所以能有文学价值者，全靠一副写人物的画工本领。我十年不曾读这书了，但是我闭了眼睛，还觉得书中的人物，如严贡生，如马二先生，如杜少卿，如权勿用，……个个都是活的人物。正如读《水浒》的人，过了二三十年，还不会忘记鲁智深、李逵、武松、石秀……一班人。请问列位读过《广陵潮》和《九尾龟》的人，过了两三个月，心目中除了一个"文武全才"的章秋谷之外，还记得几个活灵活现的书中人物？所以我说，现在的"新小说"，全是不懂得文学方法的。既不知布局，又不知结构，又不知描写人物，只作成了许多又长又臭的文字；只配与报纸的第二张充篇幅，却不配在新文学上占一个位置。小说在中国近年，比较的说来，要算文学中最发达的一门了。小说尚且如此，别种文学，如诗歌戏曲，更不用说了。

如今且说什么叫做"文学的方法"呢？这个问题不容易回答，况且又不是这篇文章的本题，我且约略说几句。

大凡文学的方法可分三类：

（1）集收材料的方法。中国的"文学"，大病在于缺少材料。那些古文家，除了墓志、寿序、家传之外，几乎没有一毫材料。因此，他们不得不作那些极无聊的《汉高帝斩丁公论》《汉文帝唐太宗优劣论》。至于近人的诗词，更没有什么材料可说了。近人的小说材料，只有三种：一种是官场，一种是妓女，一种是不官而官、非妓而妓的中等社会（留学生、女学生之可作小说材料者，亦附此类），除此之外，别无材料。最下流的，竟至登告白征求这种材料。作小说竟须登告白征求材料，便是宣告文学家破产的铁证。我以为将来的文学家收集材料的方法，约如下：

（甲）推广材料的区域。官场、妓院与龌龊社会三个区域，决不够采用。即如今日的贫民社会，如工厂之男女工人、人力车夫、内地农家、种种小负贩及小店铺，一切痛苦情形，都不曾在文学上占一位置。并且今日新旧文明相接触，一切家庭惨变，婚姻苦痛，女子之位置，教育之不适宜，……种种问题，都可供文学的材料。

（乙）注意实地的观察和个人的经验。现今文人的材料大都是关了门虚造出来的，或是间接又间接的得来的。因此我们读这种小说，总觉得浮泛敷衍，不痛不痒的，没有一毫精彩。真正文学家的材料，大概都有"实地的观察和个人自己的经验"做个根底。不能做实地的观察，便不能做文学家；全没个人的经验，也不能做文学家。

（丙）要用周密的理想作观察经验的补助。实地的观察和个人的经验，固是极重要，但是也不能全靠这两件。例如施耐庵若单靠观察和经验，决不能作出一部《水浒传》。个人所经验的，所观察的，究竟有限。所以必须有活泼精细的理想（Imagination），把观察经验的材料，一一的体会出来，一一的整理如式，一一的组织完全；从已知的推想到未知的，从经验过的推想到不曾经验过的，从可观察的推想到不可观察的。这才是文学家的本领。

（二）结构的方法。有了材料，第二步须要讲究结构。结构是个总名词，内中所包甚广，简单说来，可分剪裁和布局两步。

（甲）剪裁。有了材料，先要剪裁。譬如做衣服，先要看哪块料可做袍子，哪块料可做背心。估计定了，方可下剪。文学家的材料也要如此办理。先须看这些材料该用作小诗呢，还是作长歌呢？该用作章回小说呢，还是作短篇小说呢？该用作小说呢，还是作戏本呢？筹划定了，方才可以剪下那些可用的材料，去掉那些不中用的材料；方才可以决定作什么体裁的文字。

（乙）布局。体裁定了，再可讲布局。有剪裁，方可决定"做什么"；有布局，方可决定"怎样做"。材料剪定了，须要筹算怎样做去始能把这材料用得最得当又最有效力。例如唐朝天宝时代的兵祸，百姓的痛苦，都是材料。这些材料，到了杜甫的手里，便成了诗料。如今且举他的《石壕吏》一篇，作布局的例。这首诗只写一个过路的客人一晚上在一个人家内偷听得的事情。只用一百二十个字，却不但把那一家祖孙三代的历史都写出来，并且把那时代兵祸之惨，壮丁死亡之多，差役之横行，小民之苦痛，都写得逼真活现，使人读了生无限的感慨。这是上品的布局工夫。又如古诗"上山采蘼芜，下山逢故夫"一篇，写一家夫妇的惨剧，却不从"某人娶妻甚贤，后别有所欢，遂出妻再娶"说起，只挑出那前妻山上下来遇着故夫的时候下笔，却也能把那一家的家庭情形写得充分满意。这也是上品的布局工夫。

近来的文人全不讲求布局，只顾凑足多少字可卖几块钱，全不问材料用的得当不得当，动人不动人。他们今日作上回的文章，还不知道下一回的材料在何处！这样的文人怎样造得出有价值的新文学呢！

（三）描写的方法。局已布定了，方才可讲描写的方法。描写的方法，千头万绪，大要不出四条：

1. 写人。

2. 写境。

3. 写事。

4. 写情。

写人要举动、口气、身分、才性，……都要有个性的区别：件件都是林黛玉，决不是薛宝钗；件件都是武松，决不是李逵。写境要一喧、一静、一石、一山、一云、一鸟，……也都要有个性的区别。《老残游记》的大明湖，决不是西湖，也决不是洞庭湖；《红楼梦》里的家庭，决不是《金瓶梅》里的家庭。写事要线索分明，头绪清楚，近情近理，亦正亦奇。写情要真、要精、要细腻婉转、要淋漓尽致。有时须用境写人，用情写人，用事写人；有时须用人写境，用事写境，用情写境；……这里面的千变万化，一言难尽。

如今且回到本文。我上文说的，创造新文学的第一步是工具，第二步是方法。方法的大致，我刚才说了。如今且问，怎样预备方才可得着一些高明的文学方法？我仔细想来，只有一条法子，就是赶紧多多的翻译西洋的文学名著做我们的模范。我这个主张，有两层理由：

第一，中国文学的方法实在不完备，不够做我们的模范。即以体裁而论，散文只有短篇，没有布置周密、论理精严、首尾不懈的长篇；韵文只有抒情诗，绝少纪事诗，长篇诗更不曾有过；戏本更在幼稚时代，但略能纪事掉文，全不懂结构；小说好的，只不过三四部，这三四部之中，还有许多疵病；至于最精彩之"短篇小说""独幕戏"，更没有了。若从材料一方面看来，中国文学更没有做模范的价值。才子佳人、封王挂帅的小说；风花雪月、涂脂抹粉的诗；不能说理、不能言情的"古文"；学这个、学那个的一切文学；这些文字，简直无一毫材料可说。至于布局一方面，除了几首实在好的诗之外，几乎没有一篇东西当得"布局"两个字！所以我说，从文学方法一方面看去，中国的文学实在不够给我们做模范。

第二，西洋的文学方法，比我们的文学，实在完备得多，高明得多，不可不取例。即以散文而论，我们的古文家至多比得上英国的Bacon和法国的Montaene，至于像Plato的"主客体"、Huxley等的科学文字，Bos well和Morley等的长篇传记，Mill、Franklin、Giddon等的"自传"，Taine和Bukle等的史论；……都是中国从不曾梦见过的体裁。更以戏剧而论，二千五百年前的希腊戏曲，一切结构的工夫，描写的工夫，高出元曲何止十倍。近代的Shakespear和Molire更不用说了，最近六十年来，欧洲的散文戏本，千变万化，远胜古代，体裁也更发达了。最重要的，如"问题戏"，专研究社会的种种重要问题；"寄托戏"（Symbolic

Drama)，专以美术的手段作的"意在言外"的戏本；"心理戏"，专描写种种复杂的心境，作极精密的解剖；"讽刺戏"，用嬉笑怒骂的文章，达愤世救世的苦心。我写到这里，忽然想起今天梅兰芳正在唱新编的《天女散花》，上海的人还正在等着看新排的《多尔滚》呢！我也不往下数了。更以小说而论，那材料之精确，体裁之完备，命意之高超，描写之工切，心理解剖之细密，社会问题讨论之透彻，……真是美不胜收。至于近百年新创的"短篇小说"，真如芥子里面藏着大千世界；真如百炼的精金，曲折委婉，无所不可；真可说是开千古未有的创局，掘百世不竭的宝藏。以上所说，大旨只在约略表示西洋文学方法的完备。因为西洋文学真有许多可给我们做模范的好处，所以我说：我们如果真要研究文学的方法，不可不赶紧翻译西洋的文学名著，做我们的模范。

现在中国所译的西洋文学书，大概都不得其法，所以收效甚少。我且拟几条翻译西洋文学名著的办法如下：

（1）只译名家著作，不译第二流以下的著作。我以为国内真懂得西洋文学的学者应该开一会议，共选定若干种不可不译的第一流文学名著，约数如一百种长篇小说，五百篇短篇小说，三百种戏剧，五十家散文，为第一部《西洋文学丛书》，期五年译完，再选第二部。译成之稿，由这几位学者审查，并一一为作长序及著者略传，然后付印；其第二流以下，如哈葛得之流，一概不选。诗歌一类，不易翻译，只可从缓。

（2）全用白话韵文之戏曲，也都译为白话散文。用古文译书，必失原文的好处。如林琴南的"其女珠，其母下之"，早成笑柄，且不必论。前天看见一部侦探小说《圆室案》中，写一位侦探"勃然大怒，拂袖而起"。不知道这位侦探穿的是不是康桥大学的广袖制服！这样译书，不如不译。又如林琴南把Shakespear的戏曲，译成了记叙体的古文！这真是Shakespear的大罪人，罪在《圆室案》译者之上。

（三）创造。上面所说工具与方法两项，都只是创造新文学的预备。工具用得纯熟自然了，方法也懂了，方才可以创造中国的新文学。至于创造新文学是怎样一回事，我可不配开口了。我以为现在的中国，还没有做到实行预备创造新文学的地步，尽可不必空谈创造的方法和创造的手段。我们现在且先去努力做那第一、第二两步预备的工夫罢！

文法学之发生

杨树达

科学之发生，最初必由于比较，前既言之矣。比较而后，各取其相同者为一类，而后大类分；大类之中又细别其同异而后小类立；复有异者，仍细分之。料学之成，大都由此。其在文法，何莫不然。今据此推论，以想象文法之所由发生，法当如下：

例一

1.之

滕文公为世子，将之楚，过宋而见孟子。（《孟子·滕文公上》）

有为神农之言者许行，自楚之滕。（同）

先生将何之？（又《告子下》）

往也。为"之"之第一类。

学而时习之，不亦悦乎？（《论语·学而》）

栽者培之，倾者覆之。（《礼记·中庸》）

君子依乎中庸，遁世不见知而不悔，惟圣者能之。（又）

贤士大夫有肯从我游者，吾能尊显之。（《汉书·高祖纪》）

与口语他字相当。为"之"之第二类。

之子于归，百两御之。(《诗·召南·鹊巢》)

之人也之，德也，将磅礴万物以为一世蕲乎乱。(《庄子·逍遥游》)

之二虫又何知？(同)

公行之计，是其于主也至忠矣！(《国策·韩策》)

异哉！之歌者非常人也。(《吕览·举难》)

此也。是也。为"之"之第三类。

之死而致死之，不仁；之死而致生之，不知。(《礼记·檀弓》)

人，之其所亲爱而辟焉。(又《大学》)

使三军饥而居鼎旁，适为之甑，则莫宜之此鼎矣。(《吕览·应言》)

于也。为"之"之第四类。

惟有司之牧夫。(《书·立政》)

作其鳞之而。(《周礼·考工记》)

天子亲载耒耜，措之于参保介之御间。(《礼记·月令》)

初，宋武公之世，鄋瞒伐宋，司徒皇父帅师御之。耏班御皇父充石，公子谷甥为右。司寇牛父驷乘，以败狄于长丘，获长狄缘斯。皇父之二子死焉。(《左传·文十一年》)

与也。为"之"之第五类。

玼兮玼兮，其之翟也。(《诗·君子·偕老》)

公罔之裘。(《礼记·射义》)

介之推。(《左传·僖二十四年》)

鸜之鹆之，公出辱之。(又《昭十五年》)

语助，无意义。为"之"之第六类。

2.以

何其久也? 必有以也。(《诗·邶风·旄丘》)

宋人执而问其以。(《列子·周穆王》)

太史公读列侯至便侯，曰: 有以也夫! (《史记·惠景侯表》)

故也。为"以"之第一类。

视其所以，观其所由，察其所安。(《论语·为政》)

可以而不可使也。(《荀子·性德》)

霸主将德是以，而二三之，其何以长有诸侯乎? (《左传·成八年》)

我辞礼矣，彼则以之。犹有鬼神，于彼加之。(又《襄十年》)

用也。为"以"之第二类。

乃孔子则欲以微罪行，不欲为苟去。（《孟子》）

乃欲以一笑之故杀吾美人，不亦傎乎！（《史记·平原君传》）

赵氏以原屏之难怨栾氏。（《左传·襄二十三年》）

君子不以言举人。（《论语·卫灵公》）

因也。为"以"之第三类。

季康子问：使民敬忠以劝，如之何？（《论语·为政》）

赋《常棣》之七章以卒。（《左传·襄二十年》）

宾入大门而奏《肆夏》，示易以敬也。（《礼记·郊特性》）

与也。为"以"之第四类。

对扬以辟之勤大命施于烝彝鼎。（《礼记·祭统》）

大夫君子，凡以庶士，小大莫处，御于君所。（《礼记·射义》引《诗》）

且无梁孰与无河内急？王曰：梁急。无梁孰与无身急？王曰：身急。曰：以三者，身，上也；河内其下也。秦未索其下而王效其卜，可乎？（《魏策》）

此也。为"以"之第五类。

孟子自齐葬于鲁，反于齐，止于嬴。充虞请曰：前日不知虞之不肖，使虞敦匠事。严，虞不敢请。今愿窃有请也。木若以美然？（《孟子·公孙丑下》）

周公之非管仲，且亦以明矣！（《韩非·难一》）

晋阳处父聘于卫，反过宁，宁赢从之，及温而还。其妻问之，赢曰：以刚。（《左传·文五年》）

甚也。太也。为"以"之第六类。

于以采蘩？于沼于沚；于以用之？公侯之事。（《诗·召南·采蘩》）

于以采萍？南涧之滨；于以采藻？于彼行潦。（又《采萍》）

爰居爰处，爰丧其马。于以求之？于林之下。（又《邶风·击鼓》）

何也。为"以"之第七类。

3.上下

人伦明于上，小民亲于下。（《孟子·滕文公上》）

用下敬上，谓之贵贵；用上敬下，谓之尊贤。（同《万章下》）

上下怨疾。（《左传·昭二十年》）

指上下之地位及在其位之人。为"上""下"之第一类。

君子不欲多上人。（《左传·桓五年》） 胜也。

上山求鱼。（《易林》） 登也。

虑以下人。（《论语·颜渊》） 让也。

上其手，下其手。（《左传·襄二十六年》） 使上下也。

为"上""下"之第二类。

君子上交不谄,下交不渎。(《易》)

君子上达。小人下达。(《论语·宪问》)

敏而好学,不耻下问,是以谓之文也。(又《公冶长》)

鸢飞戾天,鱼跃于渊,言其上下察也。(《礼记·中庸》)

向上向下之义。为"上""下"之第三类。

是以君子恶居下流。(《论语·子张》)

盖上世常有不葬其亲者。(《孟子·滕文公上》)

上士倍中士,中士倍下士。(又《万章下》)

"在上之""在下之"之义。为"上""下"之第四类。

4.与

一曰征,二曰象,三曰与,四曰谋。(《周礼·春官·太卜》)
后郑云:与,谓所与共事。

陶诞比周以争与。(《荀子·强国》)

不欺其与。(又《王霸》)

群臣连与成朋,非毁宗室。(《汉书·燕王旦传》)

共事之人,或党与之义。为"与"之第一类。

冉子与之粟五秉。(《论语·雍也》)　给也。

吾与汝,弗如也。(同《公冶长》)　许也。

一与一，谁能惧我？（《左传·襄二十五年》） 常也。

闻子皮之甲不与攻己也，喜曰：子皮与我矣。（同《襄三十年》） 党也，助也。

为"与"之第二类。

帝者与师处，王者与友处，霸者与臣处，亡国与役处。（《燕策》）

诸君子皆与驩言，孟子独不与驩言。（《孟子·离娄下》）

蛤蟹珠龟，与月盛衰。（《淮南子·地形训》）

与口语和字相当。为"与"之第三类。

夫子之言性与天道，不可得闻也。（《论语·公冶长》）

子谓颜渊曰：用之则行，舍之则藏，惟我与尔，有是夫！（又《述而》）

子罕言利与命与仁。（又《子罕》）

赂外嬖梁五与东关嬖五。（《左传·庄二十八年》）

及也。为"与"之第四类。

其人能靖者与有几？（《左传·僖二十三年》）

是盟也，其与几何！（又《襄二十九年》）

若壅其口，其与能几何？（《国语》）

语助，无义。为"与"之第五类。

5.已

令尹子文，三仕为令尹，无喜色；三已之，无愠色。（《论语·公冶长》）

已而已而，今之从政者殆而！（又《微子》）

病旋已。（《史记·仓公传》）

食已，乃还致诏。（《汉书·王尊传》）

止也。为"已"之第一类。

为老父已去，高祖适从旁舍来。（《史记·高祖纪》）

田生已得金，即归齐。（又《荆燕世家》）

列侯毕已受封。（又《萧何世家》）

既也。为"已"之第二类。

已而不知其然谓之道。（《庄子·齐物论》）

已而为知者，殆而已矣。（又《养生主》）

已虽无除其患，天地之间，六合之内，可陶冶而变化也。（《淮南子·道应训》）

此也。为"已"之第三类。

公定，予往已。（《书·洛诰》）

生事毕而鬼事始已。（《礼记·檀弓》）

助句，无义。为"已"之第四类。

已! 予惟小子。(《书·大诰》)

已! 女惟小子? (又《康诰》)

已! 我安跳此而可? (《庄子·庚桑楚》)

叹声,无义。为"已"之第五类。

6.斯

墓门有棘,斧以斯之。(《诗·陈风》)

赵孟见桑下饿人,与之脯一朐,曰:斯食之! (《吕览·报更》) 析也。

华胥氏之国不知斯齐国几千里。(《列子》)

析也,离也。为"斯"之第一类。

鲁无君子者,斯焉取斯! (《论语·公冶长》)

有美玉于斯。(《同子》)

杜蒉入,历阶升,酌曰:旷饮斯! 又酌曰:调饮斯! (《礼记·檀弓》)

此也。独立用。为"斯"之第二类。

杖者出,斯出矣。(《论语·乡党》)

我欲仁,斯仁至矣。(同《述而》)

所谓立之斯立,道之斯行,绥之斯来,动之斯和。(同《子张》)

则也,乃也。为"斯"之第三类。

恩斯勤斯，鬻子之闵斯。（《诗》）

二爵而言言斯。（《礼记·玉藻》）

色斯举矣。翔而后集。（《论语·乡党》）

语助，无义。为"斯"之第四类。

斯人也，而有斯疾也！（《论语·雍也》）

斯子也，必多旷于礼矣夫。（《礼记·檀弓》）

此也，非独立用。为"斯"之第五类。

7.为

尔为尔，我为我。虽袒裼裸裎于我侧，尔焉能浼我哉！
（《孟子·公孙丑上》）

桀溺曰：子为谁？曰：为仲由。（《论语·微子》）

与是字相当。为"为"之第一类。

曷为先言王而后言正月？王正月也。（《公羊传·隐元年》）

天子为兄弟之故，不忍。（《史记·五宗世家》）

吾所以有大患者，为吾有身。（《老子》）

因也。"为"之第二类。

克告于君，君为来见也。（《孟子·梁惠王下》）

卢绾妻子亡降汉，会高后病，不能见，舍燕邸，为欲置酒见

之。高后竟崩，不得见。(《史记·卢绾传》)

单于爱之，详许甘言，为遣其太子入汉为质。(《史记·匈奴传》)

将也。为"为"之第三类。

为此行也，荆败我，诸侯必叛之。(《晋语》)

为臣死乎，君必归之楚而寄之。(《管子·戒篇》)

为我死，王则封女，女必无受利地！(《列子·说符》)

如也，若也。为"为"之第四类。

重丘人闭门而诟之，曰：亲逐尔君，尔父为厉。是之不忧，而何以田为？(《左传·襄十七年》)

亡人得生，又何不来为？(《楚语》)

两君合好，夷狄之民，何为来为？(《谷梁传·定十年》)

助句，无义。为"为"之第五类。

8.则

伐柯伐柯，其则不远。(《诗·豳风·伐柯》)

天生烝民，有物有则。(又《大雅·烝民》)

抑抑威仪，维民之则。(又《抑》)

模法也。为"则"之第一类。

故旧不遗，则民不偷。(《论语·泰伯》)

是故财聚则民散，财散则民聚。（《礼记·大学》）

仁则荣，不仁则辱。（《孟子·公孙丑上》）

与口语"便"字相当。为"则"之第二类。

河出图，洛出书，圣人则之。（《易·系辞》）

行父还观莒仆，莫可则也。（《左传·文十八年》）

则后稷之烈。（《盐铁论》）

效法也为"则"之第三类。

各词因其用法之不同，既各得若干类，总为四十类如此。（之字六类，以字七类，上下字四类，与字五类，已字五类，斯字五类，为字五类，则字三类。凡四十类。）然此四十类，虽字异而义不同，然其抽象的用法不能全然相异也。于是

"以"之第一类（故）

"上""下"之第一类（上下之地位或在其他位之人）

"与"之第一类（共事之人或党与）

"则"之第一类（模法）

皆所以指各人与事物者，为词之第一种。

"之"之第二类（他）

"以"之第七类（何）

"已"之第三类（此）

"斯"之第二类（此）

皆所以代指事物者,为词之第二种

"之"之第一类(往)

"以"之第二类(用)

"上""下"之第二类(胜,登,让。)

"与"之第二类(给,许,当,助。)

"己"之第一类(止)

"斯"之第一类(析,离。)

"为"之第一类(是)

"则"之第三类(效法)

皆所以表示行动,为词之第三种。

"之"之第三类(此)

"以"之第五类(此)

"上""下"之第四类(在上的,在下的。)

"斯"之第五类(此)

"以"之第六类(太,甚。)

皆不独立用,而用以区别第一种指明事物之词者,为词之
第四种。

"上""下"之第三类(向上,向下。)

"己"之第二类(既)

"为"之第三类(将)

用以修饰第三种或第四种之词者，为词之第五种。

　"之"之第四类（于）

　"以"之第三类（因）

　"与"之第三类（和）

　"为"之第二类（因）

皆提挈第一种之词，以饰第三种之词者，为词之第六种。

　"之"之第五类（与）

　"以"之第四类（与）

　"与"之第四类（及）

　"斯"之第三类（则）

　"为"之第四类（如）

　"则"之第二类（便）

皆用以连络词或句者，为词之第七种

　"之"之第六类

　"与"之第五类

　"已"之第四类

　"斯"之第四类

　"为"之第五类

皆用以辅助语句，本身无意义。为词之第八种。

　"己"之第五类

一种发声，亦无意义，然与第八种无意义者异，故独为一种。此为词之第九种。

种别既定，于是各用一至简括之名称以表示之，于是得九种词之名称如下

第一种　名词

第二种　代名词

第三种　动词

第四种　形容词

第五种　副词

第六种　介词

第七种　连词

第八种　助词

第九种　叹词

此词类之所由成立也。每一词类又细分为各小类。其方法准此。

例二

1.仁者安人，智者利人。（《论语·里仁》）

2.人洁己以进。（《论语·述而》）

3.人不知，而不愠，不亦君子乎！（《论语·学而》）

4.言人之不善，当如后患何？（《孟子·离娄下》）

5.人能充无受尔汝之实，则义不可胜用也。（《孟子·尽心下》）

6.人之言曰: 为君难, 为臣不易。(《论语·子路》)

7.夫子循循然善诱人。(《论语·子罕》)

8.为人谋, 而不忠乎? (《论语·学而》)

9.晏平仲善与人交。(《论语·公冶长》)

10.不以人废言。(《论语·卫灵公》)

11.匿怨而友其人。(《论语·公冶长》)

12.在陋巷, 人不堪其忧。(《论语·雍也》)

13.汝得人焉尔乎? (又)

14.人之生也直。(又)

15.诲人不倦。(《论语·述而》)

16.丘也幸, 苟有过, 人必知之。(又)

17.己所不欲, 勿施于人。(《论语·颜渊》)

18.节用而爱人。(《论语·学而》)

19.夫子之求之也, 其诸异乎人之求之与。(《论语·学而》)

20.不患人之不己知。(《论语·宪问》)

以上人字之例句凡二十。细观其位置, 则亦有别:

2.人洁己以进。

3.人不知。

5.人能充无受尔汝之实。

12.人不堪其忧。

16.人必知之。

皆以"人"字为主题而就以言事, 为第一种。

1.仁者安人，知者利人。

7.夫子循循然善诱人。

8.为人谋。

9.善与人交。

10.不以人废言。

11.匿怨而友其人。

13.汝得人焉尔乎。

15.诲人不倦。

17.勿施于人。

19.节用而爱人。

人字皆在动词或介词之下，受其管制，与第一种不同，为第二种。

4.言人之不善。

6.人之言曰。

14.人之生也直。

19.其诸异乎人之求之与。

20.不患人之不己知。

人字皆在"之"字之上，其"之"字之下另有一词属之。与第一、第二种皆不同，是为第三种。

一名词之位置不相同如此，于是亦各立一简括之名称以表示之。于是

第一种为 名词之主位。

第二种为 名词之宾位。

第三种为 名词之领位。

此则名词三位之所由成立也。

例三

1.寡人好货。(《孟子·梁惠王下》)

2.客何好?(《史记·孟尝君传》)

1.首主语,次动词好,次宾语;而2则首主语,次宾语,次动词好;位次不同。由比较而怀疑,此必然之势也。于是更观他例:

1.客何事?(《史记》)

2.吾何修而可以比于先王观也?(《孟子·梁惠王下》)

3.夫何忧何惧?(《论语·颜渊》)

4.客何为者也?(《史记·平原君传》)

5.樊迟曰:何谓也?(《论语》)

6.有是三者,何乡而不济?(《左传》昭四年)

7.生揣我何念?(《史记·陆贾传》)

8.夫子所论,欲以何明。(《史记·自序》)

9.夫何恃而傲?(《释言》)

10.何惮而不为此?(《汉书·贾谊传》)

11.终南何有?有条有枚。(《诗·秦风·终南》)

由此可以知"何"字为外动词之宾语,必居外动词之前,非仅与动词"好"字连用时如此。然"何"以外之字则何如,则又观他例:

谁　寡人有子，未知其谁立焉。（《左传·闵二年》）

朕非属赵君，当谁任哉？（《史记·赵高传》）

吾谁欺？欺天乎！（《论语·子罕》）

孰　王者孰谓？文王也。（《公羊传·隐元年》）

奚　卫君待子而为政，子将奚先？（《论语·子路》）

问臧奚事，则挟策读书；问谷奚事，则博簺以游。（《庄子·骈拇》）

由此可知凡疑问代名词为外动词之宾语，必居外动词之前，不仅"何"字为然。则此规则之所由成立也。试又观疑问代名词为介词所介绍，则何如：

何　何由知吾可也？（《孟子·梁惠王上》）

谁　谁为为之？（《史记·自序》）

谁与嬉游？（韩文）

孰　孰从而问之？（韩文）

奚　晨门曰：奚自？（《论语·微子》）

由之瑟奚为于丘之门？（《论语·先进》）

水奚自至？（《吕氏春秋·贵直》）

曷　曷为先言王而后言正月？（《公羊传·隐元年》）

夫畚曷为出乎闺？（《公羊传·宣六年》）

胡　胡为乎泥中？（《诗·邶风·式微》）

恶　君子去仁，恶乎成名？（《论语·里仁》）

由此可知疑问代名词为介词之宾语时，亦当在介词之前。综合上二事，可知疑问代名词为宾语时，不论为外动词之宾语，

或介词之宾语,必先置。试又观:

　　于何从禄?(《诗·小雅·正月》)

　　彼人之心,于何其臻?(又《菀柳》)

　　于何不臧?(又《十月之交》)

　　吾于何逃声哉?(《列子·汤问》)

　　民衣雾,主吸霜,间可倚,杵于何藏?(《易纬·是类谋》)

　　异类众移,于何不育?(左太冲《蜀都赋》)

　　四海之议,於何逃责?(任彦昇《为齐明帝让宣城郡公表》)

　　於何考德而问业焉?(韩文)

　　于何、於何

　　推诚永究,爰何不臧?(《汉书·外戚传》)

　　爰何

　　所谓伊人,于焉逍遥?(《诗·小雅·白驹》)

　　所谓伊人,于焉嘉客?(又)

　　于焉

　　我视谋犹,伊于胡底?(又《小旻》)

　　于胡

　　于以采蘩?于沼于沚;于以采蘩?于彼行潦。(《诗·召

南·采蘩》)

予以采蘋? 南涧之滨。(又《采苹》)

于以湘之? 维锜及釜; 于以盛之? 维筐及筥。(又)

爰居爰处? 爰丧其马? 于以求之? 于林之下。(又《邶风·击鼓》)

于以

由此又可知凡疑问代名词为介词"于"字、"於"字、"爰"字之资语时,必在"于""於""爰"之后,为一绝对严确之例外。此例外为余与人讨论《诗经》"于以"时所发见,可谓之"原则的例外,例外的原则"。

此法果名何法? 所谓归纳法是也。科学之成,大抵由于此法。吾人继此研究国文法,亦当以此法为主。国文法之研究,方在初期,当尚有若干通则待吾人之发见耳。

其他研究国文法次要之方法有二。一为比较的研究法,一为历史的研究法。今酌采坊间文法书之说,以实吾书。

1.比较的研究法 比较研究法,可分作两步讲。

第一步,积聚些比较参考的材料,越多越好。在文言文的文法学上,这种材料可分做三类:

(1)中国各地口语的文法。

(2)东方古今语言的文法,如满蒙文法、梵文法、日本文法等。

(3)西洋古今语言的文法、俄文法、英文法、德文法、法文法、希腊拉丁文法等。

第二步，遇着困难的文法问题时，我们可寻思别种语言里有没有同类或大同小异的法。若有这种类似的例，我们便可拿它们的通则来帮助解释我们不能解决的例句。若没有比较参考的材料，处处全靠我们从事实里挤出一些通则来，那就真不容易了。譬如前面我所举的"吾我"的例，那便是没有参考的材料的缘故。故有了参考比较的文法资料，一个中学堂的学生可以胜过许多旧日的大学问家。反过来说，若没有参考比较的文法资料，大学问家俞樾有时候反不如今日的一个中学生。

2.历史的研究法 从孔子到孟子的二百年中间，文法的变迁已就很明显了。孔子称他弟子骂"尔汝"，孟子便称"子"了。孔子时代用"斯"，孟子时代便不用了。阳货称孔子用"尔"，子夏曾子相称亦用"尔汝"，孟子要人"充无受附汝之实"，可见那时的"尔汝"已变成轻贱的称呼了。顾亭林《日知录》（卷六）云：

《论语》之言"斯"者七十，而不言"此"。《檀弓》之言"斯"者五十有二，而言"此"者一而已。《大学》成于曾氏之门人，而一卷之中言"此"者十九，语言轻重之间，世代之别，从可知矣。

历史的研究法，可分作两层说。

第一步，举例时，当注意每个例发生的时代。每个时代的例排在一处，不可把《论语》的例和欧阳修的例排在一处。

第二步，先求每一个时代的通则，然后把各时代的通则互相比较。

甲　若各时代的通则是相同的, 我们便可合局一个普遍的通则。

乙　若各时代的通则彼此不同, 我们便恋该进一步, 研究各时代变迁的历史, 寻出沿革的痕迹和所以沿、所以革的原因。

归纳法是基本方法, 比校法是帮助归纳法的, 是借给我们假设的材料的, 历史的研究法是用时代的变迁一面来限制归纳法, 一面又推广归纳法的效用, 使它组成历史的系统。

附编：民智历代文选

汪馥泉

奇奴传

冯 景

甲子秋，皇帝避署塞外，有人衣短后，无冠，跽伏道旁，大呼万岁。上闻，止辇问之。对曰："条奏时务十二事。"上览其奏而未半也，问若何人。对曰："臣比部郎中某甲家奴也。"上怒曰："是而所宜言邪？奴敢尔，奴敢尔！"杖而流诸关外。

监行伍伯路问曰："若何为者？朝中人林立，少若言耶！为人奴良苦，然犹愈于死。今乌喇得流人，绳系颈，兽畜之，死则裸而弃野。且官人直言作忠臣，死即扬大名耳；若即死，后世谁知者？而乃若是！"奴仰天叹曰："此而公所以欲死也。吾为人奴，虽劳苦，不废书，见今世务宜言甚多，意颇望台省，或此月不言，必他月也，久之，无闻焉。又谓今年不言，或明年，至明年复然。自今以往，不可复待，故迫而为此。吾常恐未获死所，今若此，即魂魄不愧。创甚，不能行，未出关而没。伍伯返京师，告人如此。

冯子闻之，流涕曰："嗟乎，奴人者不言，乃为奴者言邪！且皇帝仁圣，固能虚己纳谏者，特不欲以一奴辱朝廷轻当世士，其尊贵有位君子何等也。是奴，奴其身而儒其行，真奇奴也已！"

与友人荆雪涛书

于成龙

广西柳州罗城，偏在山隅，土司环绕，山如剑排，水如汤沸，蛮烟瘴雨。北人居此，生还者什不得一二。土有瑶、壮、狑、狼之种，性好斗杀，顺治十六年冬，初入版籍。

成龙以十八年之官；选授后，亲者不以为亲，故者不以为故。行次清源，同年生王吉人，慷慨好义人也，夙知成龙家食尚可自给，劝勿往。成龙时年四十五，英气有余，私心自度古人"利不苟趋，害不苟避"之义何为？俯首不答。抵舍别母及家人，典鬻田屋得百金，携苍头五人，颇勇壮可资；濒行，族属老稚相饯，欢饮至夜，扶醉就枕，而天已曙矣。子儿庭翼，为诸生已久，犹谨朴如处子，以田产文券历历付之；但命之云"我为官，不顾汝；汝作人，莫思我"而已。

拜先祠，别老母，门内外但闻哭声，不复回顾。此时壮气，可吞瑶、壮而餐烟瘴也。

行及湖南冷水滩，卧病，扶掖陆行。之桂林，谒上官，见羸体伶仃，惊悯特异，皆劝以善调治，勿亟赴罗城。抱病之人，至是胆落，往日豪气，不知消磨何所矣。罗城与容县沙巩连界。行至沙巩，登山一望，蒿草满目，无人行径，回忆同年生之忠告不置。

八月二十日，入县中，居民仅六家，宿神庙中，永夜不成寐。明日，到县庭，无门垣，草屋三间。东断为宾馆，西断为书吏舍。中辟一门，入亦屋三间，内廨支茅穿漏，四无墙壁。郁从中来，病不自持。一卧月余。从仆环向而泣，了无生气；张目一视，各不相顾。乞归无路，扶病理事，立意修善，以回天意。凡有陋弊，清察厘革。无几何，一仆死，余仆皆病。成龙自忖，一官落魄，复何恨；诸仆无罪，何苦贻累，丁宁令各逃生。一仆苏朝卿仗义大言："若今生当死于此，去亦不得活。弃主人于他乡，即生亦何为！"噫，幸有此也！当时通详边荒久反之地，一官一仆，难以理事，乞赐生归。当事者付之一笑而已。万里一身，生死莫主。夜枕刀卧，床头树二枪以自防。然思为民兴利除害，囊无一物，瑶、壮虽顽，无可取之资，亦无可杀之仇也。事至万不得已，则勉强为之。申明保甲，不得执持兵器。间有截路伤命，无踪盗情，必务缉获，推详真实。诛戮立时，悬首郊野。渐次人心信服，地方宁静。

而地与柳城西乡接境，其人祖孙父子，生长为贼，肆害无已。申明当事，辄以盗案置之。成龙思渐不可长，身为民父母，而可使子弟罹殃咎乎？约某乡民练兵，亲督剿杀。椎牛盟誓，合力攻击；先发牌修路，刻日进攻。此未奉委命而擅兵，自揣功成，罪亦且不赦。但为民而死，奋不顾身，胜于瘴病死也。渠魁俯首，乞恩讲和，掳掠男女、牛畜皆送还。仍约：每年十月犒赏牛酒，敢有侵我境者，竟行剿灭。盖壮人不畏杀，惟以剥皮为号令，而邻盗渐息。至是上官采访真确，反厌各州、县之请兵不已、报盗不休为多事也。

嗣后官民亲睦，或三日，或六日，环集问安，如家人父子。言及家信杳绝，悲痛如切己肤。土谣云："武阳冈三年必一反。"比及三年，食寝不安；人心既和，谣言不验。"又云："三年一小剿，五年一大剿。"比及三年，又复无事。而民俗婚丧之事，亦皆行之以礼，感之以情。罗城之治，如斯而已。谬蒙上官赏识，列之荐章，遂有四川合州之擢。

自数年来，本非为功名富贵计，止欲生归故里。日二食，或一食，读书堂上，坐睡堂上，首足赤露，无复官长礼。夜以四钱沽酒一壶，无下酒物，快读唐诗，痛哭流涕，并不知杯中之为酒为泪也。回想同僚诸人，死亡无一得脱。兴言及此，能不寒心！是以赴蜀之日，益励前操，至死不变。此数年大概也。偶书寄，以发知己万里一慨。

说　士

管　同

　　今之士，不外乎三等：上者为诗文；次者取科第；下者营货财。为诗文者，猎古人之辞华；而学圣希贤，无其志也。取科第者，志一身之富贵；而尊主庇民，建立功业，无其心也。至若营货财，则轻者兼商，重者兼吏，甚者导争讼，事欺诈，挟制官府，武断乡曲，民之畏之若虎狼毒螫。历观史传以来，士习之衰，未有甚于今日者也；论者悯焉。或曰："教之无其具也。"或曰："养先于教；今士无以养，虽善教，若之何？"是二者皆得其一端，而未知其原本。

　　今夫士之为物也，其名甚贵，而其品甚尊。其名贵则其实不得以多，其品尊则其选不可以滥。三代以前，兹不具论。考诸汉史，太学之士及所谓郡文学博士弟子员者，合海内而计之，其为人盖无几。是以士风之美，莫如汉世。至唐太宗，增广生员；沿及宋元，其人益众。循至有明，遂开以赀入监之例。迄今日而府州县学，闲岁所入，少者十余人，多者至二三十人；盖不待十年，而一县之号称为士者，数百十人矣。呜乎，何其多也！山有金，水有珠，其为物不可卒致也，逐日而取之，定数而求之，不问精粗，不论真伪，则沙石之来，必百倍于金玉。今取士者，间岁之间，一县辄增数十。夫一县之大，安得间岁辄有数十人，足以当士名而无士品者，上昧昧而求之，则下混混而应之；士之所以杂出不伦，无所不至者，由此故也。而世之人，不深维其原本，辄切齿痛恨，归咎于士习之衰。呜乎，取沙石以为金珠，不中用，则曰金珠非宝，彼金珠其负屈矣；取非类以当真士，既为恶，则曰士习之衰，彼真士抑含冤矣。

故为今之计，莫若寡取士，裁其额，远其期，使一学不过数十人，则士尊贵，而其风必变；士风变，而益于国家者多矣。古之名臣有言曰："愿陛下十年不行科举，则天下太平。"曩尝疑其过言，以今思之，盖信。

或曰："今取士者，考之以无用之言，定之于一日之际，虽裁其额而远其期，彼贤不肖，亦何由知耶？"应之曰：诚不敢知也。虽然，有国家者，多获一贤，不若少收一不肖，故取士者，与其广额而贤不肖之皆多，不若减额而贤不肖之皆少。

答刘蒙书

司马光

　　昔张伯松语陈孟公曰："人各有性，长短自裁。子欲为我亦不能，吾而效子亦败矣。"马文渊戒兄子，欲其效龙伯高之周慎谦俭，不欲其效杜季良忧人之忧、乐人之乐也。光愚无似，何足以望万一于古人？然私心所慕者，伯松伯高，而不敢为孟公、季良之行也。

　　况幼时始能言，则诵儒书，习谨敕。长而为吏，则读律令，守绳墨。龊龊然为鄙细之人，侧足于庸俗之间，不为雄俊奇伟之士所齿目，为日久矣。不意去岁足下自大河之北，洋洋而来，游于京师，负其千镒之宝，欲求良工大贾而售之。乃幸顾于陋巷，因得窃读足下之文，窥足下之志。文甚高，志甚大，语古则浩博而渊微，论今则明切而精至，诚不能不口夸而心服。譬如窭人之子，终日环绕爱玩，咨嗟传布，讫无一钱敢问其直之高下，亦终于无益而已矣。今者足下忽以亲之无以养、兄之无以葬、弟妹嫂侄之无以恤，策马裁书，千里渡河，指某以为归。且曰："以鬻一下婢之资五十万畀之，足以周事。"何足下见期待之厚，而不相知之深也，光得不骇且疑乎！

　　方今豪杰之士，内则充朝廷，外则布郡县，力有余而人可仰者，为不少矣。足下莫之取，乃独左顾而抵于不肖，岂非见期待之厚哉？光虽窃托迹于侍从之臣，月俸不及数万，爨桂炊玉，晦朔不相续。居京师已十年，囊储旧物皆竭，安所取五十万以佐从者之蔬粝乎？夫君子虽乐施予，亦必己有余然后能及人。就其有余，亦当先亲而后疏，先旧而后新。光得侍足下裁周岁，得见不过四五，而遽以五十万奉之，其余亲戚故旧，不可胜数，将何以待之乎？光家居，食不敢常有肉，衣不敢纯衣帛，何敢以五十万市一婢乎？而足下忽以此责之，岂非不相知之深哉！光视地而后敢行，顿足而后敢立，足下一旦待之为陈孟公、杜季良之徒，光能无骇乎？足下服儒服，谈孔、颜之道，啜菽饮水，足以尽欢于亲，箪食瓢饮，足以致乐于身，而遑遑焉以贫乏有求于人，光能无疑乎！

　　足下又责以韩退之所为，若光者何人，敢望退之哉！退之能为文，其文为天下贵，凡当时王公大人庙碑墓碣，靡不请焉，故受其厚谢，随复散之于亲旧，此其所以能行义也。若光者何人，敢望退之哉！光自结发以来，虽行能无所长，然实不敢锱铢妄取于人，此众人所知也。取之也廉，则其施之人也鲜，亦其理宜也。若既求其取之廉，又责其施之厚，是二行者，诚难得而兼矣。足下又欲使光取之于他人，是尤不可之大者。微生高乞醯于邻人，以应求者，孔子以为不直。况己不能施，而敛之于人，以为己惠，岂不害于恕乎？足下之命，既不克承，又费辞以释之，其为罪尤深。足下所称韩退之亦云，文章不足以发足下之事业，钱财不足以贿左右之匮急，稇载而往，垂橐而归，足下亮之而已！

与陈伯之书

丘 迟

迟顿首。

陈将军足下。无恙，幸甚幸甚！

将军勇冠三军，才为世出。弃燕雀之小志，慕鸿鹄以高翔。昔因机变化，遭遇明主，立功立事，开国称孤，朱轮华毂，拥旄万里，何其壮也！如何一旦为奔亡之虏，闻鸣镝而股战，对穹庐以屈膝，又何劣邪！

寻君去就之际，非有他故，直以不能内审诸己，外受流言，沉迷猖獗，以至于此。圣朝赦罪责功，弃瑕录用。推赤心于天下，安反侧于万物。此将军之所知，不假仆一二谈也。朱鲔涉血于友于，张绣剚刃于爱子；汉主不以为疑，魏君待之若旧。况将军无昔人之罪，而勋重于当世！夫迷途知返，往哲是与；不远而复，先典攸高。主上屈法申恩，吞舟是漏。将军松柏不剪，亲戚安居，高台未倾，爱妾尚在。悠悠尔心，亦何可言！

今功臣名将，雁行有序。佩紫怀黄，赞帷幄之谋；乘轺建节，奉疆埸之任。并刑马作誓，传之子孙。将军独靦颜借命，驱驰毡裘之长，宁不哀哉？

夫以慕容超之强，身送东市；姚泓之盛，面缚西都。故知霜露所均，不育异类；姬汉旧邦，无取杂种。北虏僭盗中原，多历年所；恶积祸盈，理至焦烂。况伪孽昏狡，自相夷戮；部落携离，酋豪猜贰。方当系颈蛮邸，悬首藁街。而将军鱼游于沸鼎之中，鸾巢于飞幕之上，不亦惑乎？

暮春三月，江南草长，杂花生树，群莺乱飞。见故国之旗鼓，感平生于畴日，抚弦登陴，岂不怆悢？所以廉公之思赵将，吴子之泣西河，人之情也。将军独无情哉？想早励良规，自求多福。

当今皇帝盛明，天下安乐。白环西献，楛矢东来。夜郎滇池，解辫请职；朝鲜昌海，蹶首受化。唯北狄野心，崛强沙漠之间，欲延岁月之命耳。中军临川殿下，明德茂亲，总兹戎重。吊民洛汭，伐罪秦中。若遂不改，方思仆言。

聊布往怀，君其详之。

丘迟顿首。

水浒自序

金人瑞

人生三十而未娶，不应更娶；四十而未仕，不应更仕；五十不应为家；六十不应出游。何以言之？用违其时，事易尽也。

朝日初出，苍苍凉凉，澡头面，裹巾帻，进盘飧，嚼杨木。诸事甫毕，起问可中，中已久矣。中前如此，中后可知；一日如此，三万六千日何有？以此思忧，竟何所得乐矣。

每怪人言，某甲于今若干岁。夫若干者，积而有之之谓。今其岁积在何许，可取而数之否？可见已往之吾，悉已变灭；不宁如是，吾书至此句，此句以前，已疾变灭：是以可痛也！

快意之事莫若友，快友之快莫若谈，其谁曰不然？二者何曾多得；有时风寒，有时泥雨，有时卧病，有时不值。如是等时，真在牢狱矣！

舍下薄田不多，多种秫米；身不能饮，吾友来需饮也。舍下门临大河，嘉树有荫；为吾友行立蹲坐处也。舍下执炊爨、理盘盂者，仅老婢四人，其余凡蓄童子大小十有余人，便于驰走迎送、传接简帖也。舍下童婢稍闲，便课其缚帚织席，缚帚所以扫地，织席供吾友坐也。

吾友毕来，当得十有六人。然而毕来之日为少，非甚风雨而尽不来之日亦少。大率日以六七人来为常矣。吾友来亦不便饮酒，欲饮则饮，欲止先止，各随其心；不以酒为乐，以谈为乐也。

吾友谈不及朝廷，非但安分，亦以路遥传闻为多；传闻之言无实，无实即唐丧唾津矣。亦不及人过失者，天下之人本无过失，不应吾诋诬之也。所发之言，不求惊人，人亦不惊。未尝不欲人解，而人卒亦不能解者，事在性情之际，世人多忙，未曾尝闻也。

吾友皆雅谈通阔之士，其所发明，四方可遇。然而每日言毕即休，无人记录。有时亦思集成一书，用赠后人，而至今阙如者：名心既尽，其心多懒，一；微言求乐，著书心苦，二；身死之后，无能读人，三；今年所作，明年必悔，四也。

是《水浒传》七十一卷，则吾友散后，灯下戏墨为多；风雨甚，无人来之时半之。然而经营于心，久而成习，不必伸纸执笔，然后发挥。盖薄暮篱落之下，五更卧被之中，垂首捻带，睇目观物之际，皆有所遇矣。

或若问言既已未尝集为一书，云何独有此传？则岂非此传，成之无名，不成无损，一；心闲试弄，舒卷自恣，二；无贤无愚，无不能读，三；文章得失，小不足悔，四也。

呜呼哀哉！吾生有涯，吾乌乎知后人之读吾书者谓何。但取今日以示吾友，吾友读之而乐，斯亦足耳。且未知吾之后身读之谓何，亦未知吾之后身得读此书者乎，吾又安所用其眷念哉！

醉书斋记

郑日奎

于堂左洁一室，为书斋，明窗素壁，泊如也。设几二，一陈笔墨，一置香炉茗碗之属。竹床一，坐以之；木榻一，卧以之。书架书筒各四，古今籍在焉。琴磬尘尾诸什物，亦杂置左右。

甫晨起，即科头拂案上尘，注水砚中，研磨及丹铅，饱饮笔以俟。随意抽书一帙，据坐批阅之。倾至会心处，则朱墨淋漓渍纸上，字大半为之隐。有时或歌或叹，或笑或泣，或怒骂，或闷欲绝，或大叫称快，或咄咄诧异，或卧而思，起而狂走。家人瞷见者悉骇愕，罔测所指，乃窃相议，俟稍定，始散去。婢子送酒茗来，都不省取；或误触之，倾湿书册，辄怒加责，后乃不复持至。逾时或犹未食，无敢前请者。惟内子时映帘窥余，得间，始进曰："日午矣，可以饭乎？"余应诺。内子出，复忘之矣。羹炙皆寒，更温以俟者数四。及就食，仍挟一册与俱，且啖且阅。羹炙虽寒，或且变味，亦不觉也。至或误以双箸乱点所阅书，良久，始悟非笔，而内子及婢辈，罔不窃笑者。夜漏坐常午。顾童侍，无人在侧，俄而鼾震左右，起视之，皆烂漫睡地上矣。客或访余者，刺已入，值余方校书，不遽见。客伺久，辄大怒诟，或索取原刺，余亦不知也。盖余性既严急，家中人启事不以时，即叱出，而事之急缓不更问，以故仓卒不得白。而家中盐米诸琐物，皆内子主之，颇有序，余是以无所顾虑，而嗜益僻。

他日忽自悔，谋立誓戒之，商于内子；内子笑曰："君无效刘伶断饮法，只赚余酒脯，补五脏劳耶？吾亦惟坐视君沉湎耳，不能赞成君谋。"余恼然久之。因思余于书，洵不异伶于酒，正恐旋誓且旋畔。且为文字饮，不犹愈于红裙耶？遂笑应之曰："如卿言，亦复佳。但为李白妇、太常妻不易耳！"乃不复立戒，而采其语意以名吾斋，曰"醉书"。

诫子书

李兆洛

　　自吾曾祖始居于此，吾祖恢而大之，吾父整而饬之，吾兄全而保之，以绵延百年，贻我后之人。汝父何尝有一丝一粟裨益于其间以庇汝哉？而汝居然有庐可居，有田可耕，有书可读。汝等之幸，不可不自知之也。吾与汝伯父，少小相爱，相依如性命，及各长大，时时东西南北，不能常聚。然心志未尝不同。汝祖察其如此，故听其白首同居，不复异财耳。然十余年来，汝伯父之支撑门户，整理家计者，心力交殚矣；年已就衰，岂能长为汝辈做牛马哉？故将祖产所贻，均匀剖析，可分者分之，不可分者仍公之。庶几各有职业，各知艰难。此不得已之苦心，可以告无罪于先人者也。吾生平粗伉，惟略识文字，于人情曲折，每不甚谙，蓄盐琐悉，尤所不耐，著衣吃饭，皆赖父兄庇荫耳。年才过五十，已觉衰病侵寻，又婚嫁已了，颇复思逍遥人间，不与世事。欲自勉强持家作计，诚不能也。故以吾兄分授与我者，复析为二，以授汝等。自今以往，吾但仰食汝等，不复有所关预也。汝等资皆中下，吾不望以功名显荣，能纯纯谨谨为乡里自好之人，便是克守家法，吾愿足矣。苟能自守，已足终身饱暖；不能自守，虽铜山金穴，岂有济哉！

保家之道，制节谨度而已；保身之道，谨言信行而已。非分之想莫萌，无益之事莫作，此吾所常以语汝者也。勉之！

训俭示康

司马光

吾本寒家，世以清白相承。吾性不喜华靡，自为乳儿，长者加以金银华美之服，辄羞赧弃去之。二十忝科名，闻喜宴独不戴花。同年曰："君赐不可违也。"乃簪一花。平生衣取蔽寒，食取充腹；亦不敢服垢弊以矫俗干名，但顺吾性而已。

众人皆以奢靡为荣，吾心独以俭素为美。人皆嗤吾固陋，吾不以为病。应之曰：孔子称"与其不逊也宁固"，又曰"以约失之者鲜矣"，又曰"士志于道而耻恶衣恶食者，未足与议也"。古人以俭为美德，今人乃以俭相诟病。嘻，异哉！

近岁风俗尤为侈靡，走卒类士服，农夫蹑丝履。吾记天圣中，先公为郡牧判官，客至未尝不置酒，或三行、五行，多不过七行。酒酤于市，果止于梨、栗、枣、柿之类，肴止于脯醢、菜羹，器用瓷漆。当时士大夫家皆然，人不相非也。会数而礼勤，物薄而情厚。近日士大夫家，酒非内法，果肴非远方珍异，食非多品，器皿非满案，不敢会宾友，常数月营聚，然后敢发书。苟或不然，人争非之，以为鄙吝。故不随俗靡者盖鲜矣。嗟乎，风俗颓敝如是，居位者虽不能禁，忍助之乎！

又闻昔李文靖公为相，治居第于封邱门内，厅事前仅容旋马，或言其太隘。公笑曰："居第当传子孙，此为宰相厅事诚隘，为太祝奉礼厅事已宽矣。"参政鲁公为谏官，真宗遣使急召之，得于酒家。既入，问其所来，以实对。上曰："卿为清望官，奈何饮于酒肆？"对曰："臣家贫，客至无器皿、肴、果，故就酒家觞之。"上以无隐，益重之。张文节为相，自奉养如为河阳掌书记时。所亲或规之曰："公今受俸不少，而自奉若此。公虽自信清约，外人颇有公孙布被之讥。公宜少从众。" 公叹曰："吾今日之俸，虽举家锦衣玉食，何患不能？顾人之常情，由俭入奢易，由奢入俭难。吾今日之俸，岂能常有，身岂能常存？一旦异于今日，家人习奢已久，不能顿俭，必致失所。岂若吾居位、去位、身在、身亡，常如一日乎？"呜呼，大贤之深谋远虑，岂庸人所及哉！

御孙曰："俭，德之共也；侈，恶之大也。"共，同也，言有德者皆由俭来也。夫俭则寡欲：君子寡欲则不役于物，可以直道而行；小人寡欲则能谨身节用，远罪丰家。故曰：俭，德之共也。侈则多欲：君子多欲则贪慕富贵，枉道速祸；小人多欲则多求妄用，败家丧身。是以居官必贿，居乡必盗。故曰：侈，恶之大也。

昔正考父饘粥以糊口，孟僖子知其后必有达人。季文子相三君，妾不衣帛，马不食粟，君子以为忠。管仲镂簋朱纮、山节藻棁，孔子鄙其小器。公叔文子享卫灵公，史䲡知其及祸；及戌，果以富得罪出亡。何曾日食万钱，至孙以骄溢倾家。石崇以奢靡夸人，卒以此死东市。近世寇莱公豪侈冠一时，然以功业大，人莫之非，子孙习其家风，今多穷困。

其余以俭立名，以侈自败者多矣，不可遍数，聊举数人以训汝。汝非徒身当服行，当以训汝子孙，使知前辈之风俗云。

日本国志食货志序

黄遵宪

外史氏曰：余读历代史食货诸志，于户口之编审，田亩之丈量，赋税之征收，府库之出纳，泉法之铸造，亦只言其大概。于国家全盛，则曰家给人足；于国家末造，则曰比户虚耗。苟欲稽其盈虚盛衰之况，则无所依据，以确知其数。至于一国之利害，与外国相关系，如通商出入、金银滥出之事，则前古之所未有，尤历史之所不及。

余观西人治国，非必师古，而大率出于《周礼》《管子》。其于理财之道，尤兢兢致意，极之至纤至悉，莫不有册籍以征其实数。其权衡上下，囊括内外，以酌盈剂虚，莫不有法。综其政要，大别有六：国多游民，则多旷土，农一食百，国胡以富？群工众商，皆利之府。欲问地利，先问业广。是在审户口。惟正之供，天经地义；洒血报国，名曰血税。以天下财，治天下事，虽操利权，取之有制。是在核租税。权一岁入，量入为出；权一岁出，量出为入。多取非盈，寡取非绌。上下流通，无壅无积。是在筹国计。泰西诸国，尽负国债，累千万亿，数无涯际。息有重轻，债别内外，内犹利半，外则弊大。是在考国债。金银铜外，以纸为币，依附而行。金轻于纸，凭虚而造，纸犹敝屣，轻重由民，莫能尼止。是在权货币。输出输入，以关为口；利来利往，以市为薮。漏卮不塞，势且倾踣，虽有善者，亦无能救。是在稽商务。六者兼得，则理财之道得而国富矣；六者交失，则理财之道失而国贫矣。

日本维新以来，尤注意于求富。然闻其国用则岁出入不相抵，通商则输出入不相抵，而当路者竭蹶经营，力谋补救，其用心良苦，而法亦颇善。观于此者，可以知其得失之所在矣。作《食货志》。

记董思翁

叶廷琯

　　思翁有示其子祖源论书语三千八百余语，康熙时，萧张翀《淞南识小录》记之。其论用笔、用墨、运腕、结体之法，精微曲至，皆甘苦有得之言，所以启导之者备矣；然祖源不闻以能书世其家。可见为学之道，父不能传之子，作字且然。盖语焉虽详，所谓"能与人规矩，不能使人巧"也。

　　萧氏谓其书更秀逸不群，惜多残缺失次，因校正存之。据所言，似及见思翁此贴墨迹；今不知流落何所，亦未见有石刻。

　　惟萧书此条后附一事，颇可资谈助。云："新安一贾人，欲得文敏书而惧其赝也，谋诸文敏之客。客令具厚币，介入谒，备宾主礼；命童磨墨，墨浓，文敏乃起挥毫授贾。贾大喜，拜谢持归，悬堂中。过客见之，无不叹绝。明年，贾复至松江，偶过府署前，见肩舆而入者，人曰：'董宗伯也。'贾望其容，绝不类去年为己书者；俟其出，审视之，相异真远甚，不禁大声呼屈。文敏停舆问故，贾涕泣述始末。文敏笑曰：'君为人所绐矣。怜君之诚，今可同往为汝书。'贾大喜再拜，始得真笔；归以夸人，而识者往往谓前书较工也。"此又可见名家随意酬应之笔，常有反出赝本下者；

可遽定真伪于工拙间乎？

曾见方兰坻《书论》一事云："思翁常为座师某公作书，历年积聚甚多。一日试请董甲乙之；乃择其结构绵密者曰：'此平生得意作；近日所作，不能有此腕矣。'某公不禁抚掌曰：'此门下所摹者也。'乃相视太息。"此事正可与前事相印证。思翁自赏且如此；人以鉴别无讹自信乎？

游九鲤湖日记

徐宏祖

浙闽之游，旧矣。余志在蜀之峨眉、粤之桂林，至太华、恒岳诸山；若罗浮广东东樵山、衡岳，次也；至越之五泄，闽之九漈，又次也。然蜀、广、关中，母老，道远，未能卒游；衡湘可以假道，不必专游。计其近者，莫若由江郎三石，抵九漈，遂以庚申午节后一日期约芳若叔父启行，正枫亭荔枝新熟时也。

二十三日——始过江山之青湖，山渐合，东支多危峰峭嶂，西伏不起。悬望东支尽处，其南一峰特耸，摩云插天，势欲骞腾。问之，即江郎山也。望而趋，二十里，过石门街，渐趋渐近，忽裂而为二，转而为三；已复半岐其首，根直剖下；迫之，则又上锐下敛，若断而复连者：移步换形，与云同幻矣！夫雁宕灵峰，黄山石笋，森立峭拔，已为瑰观；然俱在深谷中，诸峰互相掩映，反失其奇。即缙云鼎湖，穹然独起，势更伟峻；但步虚山即峙于旁，各不相降，远望若与为一。不若此峰特出众山之上，自为变幻，而各尽其奇也。

六月初七日——抵兴化府。

初八日——出莆郡西门西北行，五里，登岭。四十里，至莒溪，降陟不啻数岭矣。莒溪即九漈下流。过莒溪公馆，二里，由石上步过溪。又二里，一侧径西向山坳，北复有一磴可转上山；时山深日酷，路绝人行，迷不知所往。余意鲤湖之水，历九漈而下，上跻必奇境；遂趋石磴道。——芳叔与奴辈惮高陟，皆以为误。顷之，境渐塞，彼益以为误，而余行益励。既而愈上愈高，杳无所极，烈日薰铄，余亦自苦倦矣。数里，跻岭头，以为绝顶也；转而西，山之上，高峰复有倍此者。循山屈曲行，三里，平畴荡荡，正似武陵误入，不复知在万峰顶上也。中道有亭，西来为仙游道，东即余所行。南过通仙桥，越小岭而下，为公馆，为钟鼓楼之蓬莱石，则雷轰漈在焉。涧出蓬莱石旁，其底石平如砥，水漫流石面，匀如铺縠。少下，而平者多洼，其间圆穴，为灶，为臼，为樽，为井，皆以丹名，九仙之遗也。平流至此，忽下堕湖中，如万马初发，诚有雷霆之势，则第一漈之奇也；九仙祠即峙其西，前临鲤湖——湖不甚浩荡，而澄碧一泓，于万山之上，围青漾翠，造物之醖灵亦异矣！祠右有石鼓、元珠、古梅洞诸胜。梅洞在祠侧，驾大石而成者，有罅成门。透而上，旧有九仙阁，祠前旧有水晶宫，今俱圮。当祠而隔湖下坠，则二漈至九漈之水也。余循湖右行，已至第三漈，急与芳叔返曰："今夕当恬神休力，静晤九仙；劳心目以奇胜，且俟明日也。"返祠，往蓬莱石，跣足步涧中。石濑平旷，清流轻浅，十洲三岛，竞褰衣而涉也。晚坐祠前，新月正悬峰顶，俯挹平湖，神情俱朗，静中飒飒，时触雷漈声。是夜，祈梦祠中。

初九日——辞九仙，下穷九漈。九漈去鲤湖且数里，三漈而下，久已道绝。数月前，莆田祭酒尧俞令陆善开复鸟道，直通九漈，出莒溪；悔昨不由侧径溯漈而上，乃纡从大道，坐失此奇。遂束装改途，竟出九漈，瀑布为第二漈，在湖之南，正与九仙祠相对。湖穷而水由此飞堕深峡，峡石如劈，两崖壁立万仞。水初出湖，为石所扼，势不得出，怒从空坠，飞喷冲激，水石各极雄观。再下，为第三漈之珠帘泉，景与瀑布同。右崖有亭，曰观澜；一石曰天然坐，亦有亭覆之。从此上下岭涧，盘折峡中，峡壁上覆下宽，珠帘之水，从正面坠下；玉筋之水，从旁霭沸溢：两泉并悬。峡壁下削，铁障四围，上与天并；玉龙双舞，下极潭际。潭水深泓澄碧，虽小于鲤湖，而峻壁环锁，瀑流交映，集奇撮胜，惟此为最，所谓第四漈也。初至涧底，芳叔急于出峡，坐视峡口不复入。余独缘涧石而进，踞潭边石上，仰视双瀑，从空夭矫。崖石上覆如瓮口，旭日正在崖端，与颓波突浪，掩晕流辉，俯仰应接，不能舍去。循涧复下，忽两峡削起，一水斜回，涧右之路之穷。左望，有木板飞架危矶断磴间，乱流而渡，可以攀跻，遂涉涧从左，则五漈之石门矣。两崖至是，壁凑仅容一线，欲合不合，欲开不开，下涌奔泉，上碍云影；人缘陟其间，如猱猿然，阴风吹之，凛凛欲堕。盖自四漈来，山深路绝，幽峭已极，惟闻泉声鸟语耳。出五漈，山势渐开。涧石危嶂屏列，左则飞凤峰回翔对之，乱流绕其下，或为澄潭，或为倒峡。若六漈之五星，七漈之飞凤，八漈之棋盘石，九漈之将军岩，皆次第得名矣。然一带云蒸霞蔚，得趣故在山水中，岂必刻迹而求乎？盖水乘峡展，既得自恣，其旁崩崖颓石，斜插为岩，横架为室，层叠成楼，屈曲成洞；悬则瀑，环则流，潴则泉；皆可坐可卧，可倚可濯，荫竹木而弄云烟。数里之间，目不能移，足不能前者竟日；每历一处，见有别穴，必穿岩通隙而入，曲达旁疏，不可一境穷也。若水之或悬或渟，或翼飞叠注，即匡庐三叠、雁宕龙湫，各以一长擅胜，未若此山微体皆具也。出九漈。沿涧依山转，东向五里，始有耕云樵石之家；然见人至，未有不惊讶者。又五里，至莒溪之石步，出向道。

初十日——过蒜岭驿，至榆溪。闻横路驿西十里，有石所山，岩石最胜，亦为九仙祈梦所。闽有"春游石所，秋游鲤湖"语；虽未合其时，然不可失之交臂也。乘兴遂行。以横路去此尚十五里，乃宿榆溪。

十一日——至波黎铺，即从小路，为石所游。西向山五里，越一小岭。又五里，渡溪，即石所南麓。循麓西转，仰见峰顶丛崖，如攒如劈。西北行，久之，有楼傍山西向，乃登山道也。石磴颇峻，遂短衣历级而上。磴路曲折，木石阴翳，虬枝老藤，盘结危石倚欹崖之上，啼猿上下，应答不绝。忽有亭突踞危石，拔迥凌虚，无与为对。——亭当山之半。再折，石级巍然直上；级穷，则飞岩檐覆垂半空。再上两折，入石洞侧门，出即九仙阁。轩敞雅洁，左为僧庐，俱倚山凌空，可徙倚凭眺。阁后五六峭峰离立，高皆数十丈，每峰各去二三尺。峰罅石壁如削成，路屈曲罅中，可透漏各峰之顶，松偃藤延，纵目成胜。僧供茗芳逸，山所产也。侧径下，至垂岩；路左，更有一径，余曰："此必有异。"从之，果一石洞嵌空立。穿洞而下，即至半山亭。下山，出横路而返。是游也，为日六十有三，历省二，经县十九，府十一，游名山者三。

家书选并序

郑燮

自　序

板桥诗文最不喜求人作序：求之王公大人，既以借光为可耻；求之湖海名流，必至含讥带讪。遭其荼毒，而无可如何。总不如不序为得也。

几篇家信，原算不得文章；有些好处，大家看看。如无好处，糊窗糊壁，覆瓿覆盎而已。何以序为？乾隆己巳，郑燮自题。

焦山读书寄四弟墨书

僧人遍满天下，不是西域送来的；即吾中国之父兄子弟，穷而无归，入而难返者也。削去头发便是他，留起头发还是我。怒眉瞋目，叱为异端，而深恶痛绝之，亦觉太过。

佛自周昭王时下生，迄于灭度，足迹未尝履中国土。后八百年而有汉明帝，说谎做梦，惹出这场事来，佛实不闻不晓。今不责明帝，而齐声骂佛，佛何辜乎？况自昌黎辟佛以来，孔道大明，佛焰渐息，帝王卿相，一遵《六经》《四子》之书，以为齐家治国平天下之道。此时而犹言辟佛，亦如同嚼蜡而已。

和尚是佛之罪人，杀盗淫妄，贪婪势利，无复明心见性之规。秀才亦是孔子罪人，不仁不智，无礼无义，无复守先待后之意。秀才骂和尚，和尚骂秀才。语云："各人自扫阶前雪，莫管他家瓦上霜。"老弟以为然否？偶有所触，书以寄汝。

范县署中寄弟墨第二书

吾弟所买宅，严紧密栗，处家最宜；只是天井太小，见天不大。愚兄心田瞻远，不乐居耳。

是宅北至鹦鹉桥，不过百步；鹦鹉桥至杏花楼，不过三十步；其左右颇多隙地。幼时饮酒其旁，见一片荒城，半隈衰柳，断桥流水，破屋丛花，心窃乐之。若得制钱五十千，便可买地一大段，他日结茅有在矣。

吾意欲筑一土墙院子，门内多栽竹树草花，用碎砖铺曲径一条，以达二门。其内茅屋二间，一间坐客，一间作房，贮图书史籍笔墨砚瓦酒董茶具其中，为良朋好友后生小子论文赋诗之所。其后住家，主屋三间，厨屋二间，奴子屋一间，共八间，俱用草苫，如此足矣。清晨日尚未出，望东海一片红霞；薄暮斜阳满树，立院中高处，便见烟水平桥。家中宴客，墙外人亦望见灯火。南至汝家百三十步，东至小园仅一水，实为恒便。

或曰："此等宅居甚适，只是怕盗贼。"不知盗贼亦穷民耳，开门延入，商量分惠，有甚么便挈甚么去。若一无所有，便王献之青毡，亦可携取质百钱救急也。

吾弟留心此地为狂兄娱老之资，不知可能遂愿否？

范县署中寄舍弟墨第四书

十月二十六日，得家书，知新置田获秋稼五百斛，甚喜！而今而后，堪为农夫以没世矣。要须制碓制磨，制筛罗、簸箕，制大小扫帚，制升、斗、斛。家中妇女，率诸婢妾，皆令习舂、揄、蹂、簸之事，便是一种靠田园长子孙气象。天寒冰冻时，穷亲戚朋友到门，先泡一大碗炒米送手中，佐以酱姜一小碟，最是暖老、温贫之具。暇日咽碎米饼，煮糊涂粥，双手捧碗，缩颈而啜之；霜晨雪早，得此周身俱暖。嗟乎，嗟乎，吾其长为农夫以没世矣。

我想天地间第一等人，只有农夫，而士为四民之末。农夫上者种地百亩，其次五六十亩，皆苦其身，勤其力，耕种收获，以养天下之人。使天下无农夫，举世皆饿死矣。我辈读书人，入则孝，出则弟，守先待后，得志泽加于民，不得志修身见于世，所以又高于农夫一等。今则不然，一捧书本，便想中举，中进士，作官，如何攫取金钱，造大房屋，置多田产。起手便错走了路头，后来越做越坏，总没有个好结果。其不能发达者，乡里作恶，小头锐面，更不可当。夫束身自好者，岂无其人？经济自期，抗怀千古者，亦所在多有、而好人为坏人所累，遂令我辈开不得口；

一开口，人便笑曰："汝辈书生，总是会说；他日居官，便不如此说了。"所以忍气吞声，只得捱人笑骂。工人制器利用，贾人搬有运无，皆有便民之处；而士独于民大不便，无怪乎居四民之末也；且求居四民之末，而亦不可得也。

愚兄平生最重农夫。新招佃地人，必须待之以礼。彼称我为主人，我称彼为客户。主客原是对待之义，我何贵而彼何贱乎？要体貌他，要怜悯他。有所借贷，要周全他；不能偿还，要宽让他。尝笑唐人七夕诗，咏牛郎织女，皆作会别可怜之语，殊失命名本旨。织女，衣之源也；牵牛，食之本也。在天星为最贵。天顾贵之，而人反不重乎？其务本勤民，呈象昭昭，可鉴矣。吾邑妇人，不能织绸、织布；然而主中馈，习针线，犹不失为勤谨。近日颇有听鼓儿词以斗叶为戏者，风俗荡轶，亟宜戒之！

吾家业地，虽有三百亩，总是典产，不可久恃。将来须买田二百亩，予兄弟二人，各得百亩足矣，亦古者一夫受田百亩之义也。若再求多，便是占人产业，莫大罪过。天下无田无业者多矣，我独何人，贪求无厌，穷民将何所措足乎？或曰："世上连阡越陌，数百顷有余者，子将奈何？"应之曰："他自做他家事，我自做我家事。世道盛则一德遵王，风俗偷则不同为恶；亦板桥之家法也

潍县寄舍弟墨第三书

富贵人家，延师傅，教子弟，至勤至切；而立学有成者，多

出于附从贫贱之家，而己之子弟不与焉。不数年间，变富贵为贫贱。有寄人门下者，有饿莩乞丐者。或仅守厥家，不失温饱而目不识丁。或百中之一，亦有发达者，其为文章必不能沉着、痛快、刻骨、镂心，为世所传诵。岂非富贵足以愚人，而贫贱足以立志而浚慧乎？我虽微官，吾儿便是富贵子弟，其成其败，吾已置之不论；但得附从佳子弟有成，亦吾所大愿也！

至于延师傅，待同学，不可不慎！吾儿六岁，年最小。其同学长者，当称为某先生，次亦称为某兄，不得直呼其名。纸笔墨砚，吾家所有，宜不时散给诸众同学。每见贫家之子，寡妇之儿，求十数钱，买川连纸，钉仿字簿，而十日不得者，当察其故而无意中与之。至阴雨不能即归，辄留饭；薄暮以旧鞋与穿而去。彼父母之爱子，虽无佳好衣服，必制新鞋袜来上学堂，一遭泥泞，复制为难矣。

夫择师为难，敬师为要。择师不得不审；既择定矣，便当尊之敬之，何得复寻其短？吾人一涉仕途，既不能自课其子弟。其所延师，不过一方之秀，未必海内名流。或暗笔其非，或明指其误，为师者既不自安，而教法不能尽心；子弟复持觊忽心而不力干学，此最是受病处。不如就师之所长，且训吾子弟不逮。如必不可从，少待来年，更请他师；而年内之礼节尊崇，必不可废。

又有五言绝句四首，小儿顺口好读，令吾儿且读且唱。月下坐门槛上，唱与二太太、两母亲、叔叔、婶娘听，便好骗果子吃也。

二月卖新丝，五月粜新谷；医得眼前疮，剜却心头肉。

耘苗日正午，汗滴禾下土；认知盘中餐，粒粒皆辛苦。

昨日入城市，归来泪满巾；遍身罗绮者，不是养蚕人。

九九八十一，穷汉受罪毕；才得放脚眠，蚊虫犹密出。

祭十二郎文

韩 愈

　　年月日，季父愈闻汝丧之七日，乃能衔哀致诚，使建中远具时羞之奠，告汝十二郎之灵。

　　呜呼，吾少孤，及长，不省所怙，惟兄嫂是依；中年，兄殁南方，吾与汝俱幼，从嫂归葬河阳；既又与汝就食江南，零丁孤苦，未尝一日相离也。吾上有三兄，皆不幸早世；承先人后者，在孙惟汝，在子惟吾。两世一身，形单影只。嫂尝抚汝指吾而言曰："韩氏两世，惟此而已！"汝时尤小，当不复记忆；吾时虽能记忆，亦未知其言之悲也。

　　吾年十九，始来京城。其后四年，而归视汝。又四年，吾往河阳省坟墓，遇汝从嫂丧来葬。又二年，吾佐董丞相于汴州，汝来省吾；止一岁，请归取其孥。明年，丞相薨，吾去汴州，汝不果来。是年，吾佐戎徐州，使取汝者始行，吾又罢去，汝又不果来。吾念汝从于东，东亦客也，不可以久，图久远者，莫如西归，将成家而致汝。呜呼，孰谓汝遽去吾而殁乎！吾与汝俱少年，以为虽暂相别，终当久相与处，故舍汝而旅食京师，以求斗斛之禄。诚知其如此，虽万乘之公相，吾不以一日辍汝而就也。

去年，孟东野往，吾书与汝曰："吾年未四十，而视茫茫，而发苍苍，而齿牙动摇。念诸父与诸兄，皆康强而早世；如吾之衰者，其能久存乎！吾不可去，汝不肯来。恐旦暮死，而汝抱无涯之戚也。"孰谓少者殁而长者存，强者夭而病者全乎！呜呼，其信然邪？其梦邪？其传之非其真邪？信也，吾兄之盛德而夭其嗣乎；汝之纯明而不克蒙其泽乎；少者强者而夭殁，长者衰者而存全乎？未可以为信也！梦也，传之非其真也，东野之书，耿兰之报，何为而在吾侧也？呜呼，其信然矣！吾兄之盛德而夭其嗣矣；汝之纯明宜业其家者，不克蒙其泽矣！所谓天者，诚难测；而神者，诚难明矣！所谓理者，不可推；而寿者，不可知矣！虽然，吾自今年来，苍苍者或化而为白矣；动摇者或脱而落矣；毛血日益衰，志气日益微；几何不从汝而死也。死而有知，其几何离；其无知，悲不几时而不悲者，无穷期矣。汝之子始十岁，吾之子始五岁；少而强者不可保，如此孩提者，又可冀其成立邪？呜呼哀哉！呜呼哀哉！

汝去年书云："比得软脚病，往往而剧。"吾曰："是疾也，江南之人，常常有之。"未始以为忧也。呜呼，其竟以此而殒其生乎？抑别有疾而致斯乎？汝之书，六月十七日也。东野云，汝殁以六月二日；耿兰之报无月日。盖东野之使者，不知问家人以月日；如耿兰之报，不知当言月日。东野与吾书，乃问使者，使者妄称以应之耳。其然乎？其不然乎？

今吾使建中祭汝，吊汝之孤与汝之乳母。彼有食可守以待终丧，则待终丧而取以来，如不能守以终丧，则遂取以来。其余奴婢，并令守汝丧。吾力能改葬，终葬汝于先人之兆，然后惟其所愿。

呜呼! 汝病吾不知时, 汝殁吾不知日; 生不能相养以共居, 殁不能抚汝以尽哀, 敛不凭其棺, 窆不临其穴。吾行负神明, 而使汝夭, 不孝不慈, 而不得与汝相养以生, 相守以死, 一在天之涯, 一在地之角, 生而影不与吾形相依, 死而魂不与吾梦相接。吾实为之, 其又何尤! 彼苍者天, 曷其有极!

自今以往, 吾其无意于人世矣! 当求数顷之田于伊、颍之上, 以待余年, 教吾子与汝子幸其成; 长吾女与汝女待其嫁, 如此而已。呜呼! 言可穷而情不可终, 汝其知也邪? 其不知也邪? 呜呼哀哉, 尚飨

祭妹文

袁 枚

乾隆丁亥冬，葬三妹素文于上元之羊山，而奠以文。曰：

呜呼，汝生于浙而葬于斯，离吾乡七百里矣；当是时，虽觭梦幻想，宁知此为归骨所耶！

汝以一念之贞，遇人仳离，致孤危托落。虽命之所存，天实为之；然而累汝至此者，未尝非予之过也。予幼从先生授经，汝差肩而坐，爱听古人节义事；一旦长成，遽躬蹈之。呜呼，使汝不识《诗》《书》，或未必艰贞若是。

余捉蟋蟀，汝奋臂出其间；岁寒虫僵，同临其穴。今予殓汝葬汝，而当日之情形憬然赴目。予九岁憩书斋，汝梳双髻，披单缣来，温《缁衣》一章；适先生奓户入，闻两童子音琅琅然，不觉莞尔，连呼则则，此七月望日事也。汝在九原，当分明记之。予弱冠粤行，汝揩裳悲恸。逾三年，予披宫锦还家；汝从东厢扶案出，一家瞠视而笑，不记语从何起。大概说长安登科，函使报信迟早云尔。凡此琐琐，虽为陈迹，然我一日未死，则一日不能忘。旧事填膺，思之凄梗，如影历历，逼取便逝。悔当时不将婴婉情状，罗缕记存；然而汝已不在人间，则虽年光倒流，儿时可再，而亦无与为证印者矣。

汝之义绝高氏而归也，堂上阿奶，仗汝扶持；家中文墨，赖汝办治。尝谓女流中最少明经义、谙雅故者。汝嫂非不婉嬺，而于此微缺然。故自汝归后，虽为汝悲，实为予喜。予又长汝四岁，或人间长者先亡，可将身后托汝；而不谓汝之先予以去也！

前年予病，汝终宵刺探，减一分则喜，增一分则忧。后虽小差，犹尚殗殜，无所娱遣；汝来床前，为说稗官野史可喜可愕之事，聊资一欢。呜呼，今而后，吾将再病，教从何处呼汝耶！

汝之疾也，予信医言无害，远吊扬州。汝又虑戚吾心，阻人走报。及至绵惙已极，阿奶问："望兄归否？"强应曰："诺。"予已先一日梦汝来诀，心知不祥，飞舟渡江，果予以未时还家，而汝以辰时气绝。四支犹温，一目未瞑，盖犹忍死待予也。呜呼痛哉！早知诀汝，则予岂肯远游，即游亦尚有几许心中言，要汝知闻、共汝筹画也。而今已矣！除吾死外，当无见期。吾又不知何日死，可以见汝；而死后之有知无知，与得见不得见，又卒难明也。然则抱此无涯之憾，天乎人乎，而竟已乎！

汝之诗，吾已付梓；汝之女，吾已代嫁；汝之生平，吾已作传；惟汝之窀穸，尚未谋耳。先茔在杭，江广河深，势难归葬，故请母命而宁汝于斯，便祭扫也。其傍葬汝女阿印；其下两冢，一为阿爷侍者朱氏，一为阿兄侍者陶氏。羊山旷渺，南望原隰，西望栖霞，风雨晨昏，羁魂有伴，当不孤寂。

所怜者，吾自戊寅年读汝《哭侄诗》后，至今无男。两女牙牙，生汝死后，才周晬耳。予虽亲在未敢言老，而齿危发秃；暗里自知；知在人间尚复几日！阿品远官河南，亦无子女。九族无可继者。汝死我葬，我死谁埋；汝倘有灵，可能告我？

　　呜呼！生前既不可想，身后又不可知；哭汝既不闻汝言，奠汝又不见汝食。纸灰飞扬，朔风野大；阿兄归矣，犹屡屡回头望汝也。呜呼哀哉，呜呼哀哉

祭亡妻黄仲玉

蔡元培

　　呜呼仲玉，竟舍我而先逝耶！自汝与我结婚以来，才二十年，累汝以儿女，累汝以家计，累汝以国内国外之奔走，累汝以贫困，累汝以忧患，使汝善书、善画、善为美术之天才竟不能无限发展，而且积劳成疾，以不得尽汝之天年。呜呼，我之负汝何如耶！

　　我与汝结婚之后，屡与汝别：留青岛三月，留北京译学馆半年，留德意志四年，革命以后，留南京及北京九阅月，前年留杭县四月，加以其他短期之旅行，二十年中与汝欢聚者不过十二三年耳。呜呼，孰意汝舍我如是其速耶！

　　凡我与汝别，汝往往大病，然不久即愈。我此次往湖南而汝病，我归汝病剧。及汝病渐痊，医生谓不日可以康复，我始敢放胆而为此长期之旅行。岂意我别汝而汝病加剧，以至于死，而我竟不得与汝一诀耶！

　　我将往湖南，汝恐我不及再回北京，先为我料理行装，一切完备。我今所服用者，何一非汝所采购，汝所整理！处处触目伤心，我其何以堪耶！

　　汝孝于亲，睦于弟妹，慈于子女。我不知汝临终时一念及汝死后老父老母之悲切，弟妹之伤悼，稚女幼儿之哀痛，汝心其何以堪耶？

汝时时在纷华靡丽之场，内之若上海及北京，外之若柏林及巴黎。我间欲为为汝购置稍稍入时之衣饰，偕往普通娱乐之场所，而汝辄不愿。对于北京妇女以酒食赌博相征逐或假公益之名以鹜声气而因缘为利者，尤慎避之，不敢与往来。常克勤克俭以养我之廉，以端正子女之习惯。呜呼，我之感汝何如，而竟不得一当以报汝耶！

汝爱我以德，无微不至。对于我之饮食、起居、疾痛、养疴，时时悬念，所不待言。对于我所信仰之主义，我所信任之朋友，或所见不与我同，常加规劝。我或不能领受，以至与汝争论。我事后辄非常悔恨，以为何不稍稍忍耐，以免伤汝之心。呜呼，而今而后，再欲闻汝之规劝而不可得矣！我惟有时时铭记汝往日之言，以自检耳！

汝病剧时，劝我按预约之期以行，而我不肯。汝自料不免于死，常祈速死，以免误我之行期。我当时认为此不过病中愤感之谈，及汝小愈，则亦置之。呜呼，岂意汝以小愈促我行，而竟不免死于我行以后耶！

我自行后，念汝病，时时不宁。去年十一月二十八日，在舶中发一无线电于蒋君，询汝近况，冀得一痊愈之消息以告慰。而复电仅言小愈。我意非痊愈则必加剧；小愈必加剧之讳言，聊以宽我耳。我于是益益不宁。于十二月十三日又发一电，询汝近况；而久不得复。我于是益益不宁。到里昂后，即发一电于李君，询汝近况。又久不得复。直至我已由里昂而巴黎，而瑞士，始由里昂转到谭、蒋二君之电，始知汝竟于我到巴黎之次日已舍我而长逝矣！呜呼，我之旅行为对社会应尽之义务，本不能以私废公；然迟速之间未尝无商量之余地，尔时李夫人曾劝我展缓行期，我竟误信医生之言而决行，致不得调护汝以蕲免于死。呜呼！我负汝如此，我虽追悔，其尚可及耶！

我得电时，距汝死已八日矣。我既无法速归，归亦已无济于事。我不能不按我预定计划，尽应尽之义务而后归。呜呼，汝如有知，能不责我负心耶？

汝所爱者，老父老母也；我祝二老永远健康，以副汝之爱。汝所爱者，我也；我当善自保养，尽力于社会，以副汝之爱。汝所爱者，威廉也，柏龄也；现在托庇于汝之爱妹，爱护周至，必不让于汝。我回国以后，必躬自抚养，使得受完全教育，为世界上有价值之人物，有所贡献于世界，以为汝母教之纪念，以副汝之爱。呜呼，我所以慰汝者如此而已！汝如有知，其能满意否耶？

汝自幼受妇德之教育，居恒慕古烈妇人之所为。自与我结婚以后，见我多病而常冒危险，常与我约，我死则汝必以身殉。我谆谆劝汝，万不可如此；宜善抚子女，以尽汝为母之天职。呜呼，孰意我尚未死而汝竟先我而死耶！我守我劝汝之言，不敢以身殉汝。然后早衰而多感，我有生之年亦复易尽；死而有知，我与汝聚首之日不远矣。

呜呼，死者果有知耶？我平日决不敢信。死者果无知耶？我今日为汝而决不敢信。我今日惟有认汝为有知，而与汝作此最后之通讯, 以稍稍纾我之悲悔耳! 呜呼, 仲玉!

　　中华民国十年一月九日, 汝夫蔡元培。

答张藻仲书

倪 瓒

　　瓒比承命，俾画陈子栚《剡源图》，敢不承命惟谨。自在城中，汩汩略无少清思，今日出城外闲静处，始得读剡源事迹，图写景物，曲折能尽状其妙处；盖我则不能之。若草草点染，遗其骊黄牝牡之形色，则又非所以为图之意。仆之所谓画者，不过逸笔草草，不求形似，聊以自娱耳。近迁游偶来城邑，索画者必欲依彼所指授，又欲应时而得，鄙辱怒骂，无所不有。冤矣乎，讵可责寺人以髯也，是亦仆自有以取之耶！

报谢山人书

宗 臣

使来既强起书卷，题短札与之。

投笔危坐，今昔并起；怀我二三兄弟，懂惊狂语，佳话奇篇，一一尽为涕泪。我辈情深，盖自天地以来一遭耳！

二君日远，犹得朝暮半途，忘其离索，独使我日折腰诸贵人前；郁郁之怀，谁与为语？生非金石，堪此侵铄，足下念我至甚，何以策我？称病挂冠，长簑短笠，访足下于河北之墟，把酒论诗，称雄千古，岂不快哉！不然，则仲连有蹈海之节，仆将蹑屩而从焉；奚为妻孥饘粥计，而日营营为也！

情长涂短，辄为足下陈其区区。足下其怜察之。